企业成本与管理会计理论实务研究

文杨虹 ◎ 著

中国商业出版社

图书在版编目（CIP）数据

企业成本与管理会计理论实务研究 / 文杨虹著. --北京 : 中国商业出版社，2023.11

ISBN 978-7-5208-2713-3

Ⅰ. ①企… Ⅱ. ①文… Ⅲ. ①企业管理－管理会计－研究 Ⅳ. ①F275.2

中国国家版本馆 CIP 数据核字(2023)第 218505 号

责任编辑：聂立芳

策划编辑：张　盈

中国商业出版社出版发行

（www.zgsycb.com　100053　北京广安门内报国寺1号）

总编室：010-63180647　编辑室：010-63033100

发行部：010-83120835/8286

新华书店经销

三河市悦鑫印务有限公司

*

710毫米×1000毫米　16开　12.5印张　210千字

2024年1月第1版　2024年1月第1次印刷

定价：78.00元

* * * *

前　言

随着经济全球化和市场竞争加剧，企业的成本管理越来越成为关注的焦点。传统的成本管理方式已经难以满足企业的需求，在这样的背景下，任务并不是增加成本管理的复杂性，而是如何提高成本管理的效率和精准度。随着时代和技术的进步，管理会计理论和实践不断创新，成为现代企业管理的重要辅助工具。

基于此，本书以“企业成本与管理会计理论实务研究”为题，共分为八章，第一章阐述企业成本与成本会计、成本会计组织认识、管理会计的形成及发展、管理会计的基本理论；第二章分析企业短期经营决策概述、企业生产与定价决策分析、短期经营决策在企业的应用；第三章讨论企业长期投资决策基础、企业长期投资决策的基本方法、长期投资决策的方法选择与应用；第四章对企业预算与预算管理体系、构建全面预算管理体系、大数据与企业全面预算管理的优化进行论述；第五章探讨企业责任会计及其考核、内部转移定价分析、企业社会责任与信息披露；第六章深入分析企业战略管理会计及其内容、实施企业战略管理会计的基本方法、企业战略管理会计视角下的成本控制；第七章研究价值管理理论、价值管理与企业成本会计的关系探讨、现代价值管理会计体系的构建；第八章对企业中的管理会计人才培养、高校管理会计人才培养进行解析。

本书视野开阔，层次清晰，内容全面，旨在给予企业管理者、会计从业人员系统全面的企业成本管理及管理会计理论与方法知识，帮助他们更准确地了解成本管理的重要性及管理会计的应用价值，提高他们的职业素养和实际应用能力。

笔者在本书的写作过程中，得到了许多专家学者的帮助和指导，在此表示诚挚的谢意。由于笔者水平有限，加之时间仓促，书中难免有疏漏之处，希望各位读者多提宝贵意见，以便笔者进一步修改，使之更加完善。

前言

目 录

第一章　企业成本与管理会计理论综述

第一节　企业成本与成本会计

一、企业成本

（一）企业成本的内涵

成本是指在生产经营过程中所耗费的生产资料转移的价值和劳动者为自己劳动所创造的价值的货币表现，也就是企业在生产经营中所耗费的资金总和。商品的价值由三部分组成。即：W=C+V+M。其中：C 是生产中消耗的生产资料的价值，包括生产中消耗的劳动手段的价值（如厂房、机器设备的价值）和劳动对象的价值（如原材料的价值）；V 是劳动者为自己劳动所创造的价值（如职工薪酬）；M 是劳动者为社会劳动创造的价值（剩余价值）。因此，从理论上说，生产中消耗的生产资料的价值加上劳动者为自己创造的价值构成了商品的成本（C+V）。

产品成本是指企业在生产产品过程中所发生的材料费用、职工薪酬等，以及不能直接计入而按一定标准分配计入的各种间接费用。企业采用制造成本法计算产品成本。在制造成本法下，生产经营耗费分为制造成本和期间费用，制造成本包括直接材料、直接人工和制造费用，期间费用包括管理费用、财务费用和销售费用。

（二）企业成本的作用

成本既是反映和控制企业生产经营管理工作的综合性价值指标，又是确定企业生产经营损益的基础。在市场经济条件下，成本具有十分重要的作用。

1. 企业成本是补偿生产耗费的尺度

为了保证企业再生产的不断进行，必须对生产耗费进行补偿，而成本就是补偿份额的基本尺度。企业在取得销售收入后，须将相当于成本的份额划分出来，用于补偿生产经营中的资金耗费，才能使企业得以按原有规模持续经营。在产品销售收入不变的情况下，成本越低，需要补偿的生产耗费就越少，企业得到的利润就越多，对企业的生存和发展就越有利。

2. 企业成本是反映企业情况的指标

成本是一项综合性的指标，企业生产技术和经营管理等方面的水平最终会在产品成本中体现出来，如产品的质量好坏、商品产量的大小、劳动生产率的高低、生产工艺是否先进、材料消耗是否节约、固定资产的利用情况等均能直接或间接地影响到成本水平的高低。因此，企业可以通过对成本的预测、控制、考核和分析，不断改进生产技术和生产工艺，改善经营管理，降低各种耗费，提高经济效益。

3. 企业成本是制定价格的重要因素

商品的市场定价需考虑的因素很多，如生产成本、供求关系、市场竞争态势等。由于商品成本是产品价值的主要组成部分，而商品的价格又是围绕产品的价值上下波动的，因此，商品成本是制定商品价格的重要因素。但是，制定商品价格的重要依据是社会平均成本而不是某个企业的个别成本。社会平均成本是指行业内不同企业生产同种商品或提供同种服务的平均成本。商品的价格是由商品的社会平均成本加社会平均利润构成的。

4. 企业成本是效益分析的重要依据

在商品的价格水平、质量和功能相似的时候，商品成本的高低就成了影响该商品在市场上竞争能力和盈利能力强弱的重要因素。企业在进行经营预测、决策与分析的时候，要对比相关经济参数，开展成本效益分析，选择投入少，产出多、技术先进、工艺流程合理的方案组织实施，以充分发挥成本在经营决策中的作用，使企业在市场竞争中处于有利的地位。

二、成本会计

“现代社会的高速发展使得许多行业都具有新的内涵，例如成本会计就从会计学这一大分类下独立出来，更多与企业管理相结合，对企业成功转型与取得良好的经济效益有着不可忽视的影响。”[①]成本会计是成本计算与会计记账原理相结合的处理程序和方法，是成本确认、计量、记录、分配、计算等一系列行为的总和。

---

① 王红娥．对企业成本会计控制的思考[J]．中国商论，2020（22）：166-167．

（一）成本会计的对象

成本会计的对象是指成本会计核算和监督的内容。成本会计的对象是企业生产经营过程中的生产经营业务成本和期间费用。不同的企业，不同的经济活动（如生产产品、提供劳务、建设项目等），成本的内涵不同，成本会计对象的内容也不同。

工业制造业的基本生产经营活动是生产、销售产品，而产品的生产过程，同时也是生产的耗费过程。生产耗费包括生产资料中的劳动手段（如机器设备）和劳动对象（如原材料）的耗费、劳动力（如人工）的耗费和其他各项相关支出。企业在一定时期内发生的、用货币表现的生产耗费即为企业的生产费用。企业为生产一定种类、一定数量的产品所支出的各种生产费用的总和就是这些产品的成本。实际工作中，成本的开支范围是由国家法律、法规加以界定的。为了加强经济核算，一些不形成产品价值的损失，按现行法规也计入产品成本，如废品损失、季节性和修理期间的停工损失。这些制造过程中发生的各种生产费用的支出和产品成本的形成，构成了成本会计核算和监督的主要内容。

此外，用于销售商品而发生的销售费用、企业管理部门为组织和管理生产经营活动而发生的管理费用和为筹集资金而发生的财务费用，由于与产品生产没有直接关系，因而按发生的期间进行归集，作为期间费用处理，直接计入当期损益，不计入产品成本。这些期间费用也是成本会计核算和监督的内容。

（二）成本会计的职能

成本会计的职能是指成本会计作为管理经济的活动，在生产经营过程中所发挥的作用。成本会计的基本职能是成本核算和成本监督。

1．成本核算职能

成本核算是指对生产经营过程中实际发生的成本、费用进行记录、归集计算、分配，做出相关的账务处理，并编制成本报表，为成本管理提供客观、真实的成本资料的过程。成本核算贯穿于经济活动的全过程。为了保证成本核算的正确性，必须做好成本核算的各项基础工作，正确划分各种费用的界线，并根据生产经营的特点和管理要求选用合适的成本计算方法。

2．成本监督职能

成本监督是指对成本核算的合法性、合理性和有效性进行审核和监督，使之符合成本会计的相关规范，以达到预期的成本管理目标。成本会计的监督包括事前监督、事中监督和事后监督。

事前监督包括成本预测、成本决策和成本计划等。成本预测是指，根据成本核算提供的信息及相关资料，运用专门的方法，对未来成本水平及其变化趋势作出科学的估计。成本决策是指，根据决策理论，依据成本预测及有关资料，分析运用定性或定量的方法从若干个成本预测方案中选择最佳方案的过程。成本计划是指，根据成本决策所确定的最佳方案，以货币形式具体规定企业在计划期内为完成生产经营任务将要发生的各种生产耗费以及为达到目标应采取的措施。

事中监督主要是指成本控制。成本控制是指，企业在生产经营过程中，根据生产计划对各项将要发生和已经发生的成本费用进行审核、监控，防止成本超支和浪费，为完成成本计划护航。

事后监督包括成本分析和成本考核。成本分析是指，根据成本核算等相关资料，分析成本水平与构成，研究影响成本变动的各种因素，寻找降低成本的有效途径及措施。成本考核是指在成本分析的基础上，定期考察、审核成本目标的实现情况和成本计划指标的完成情况。

成本会计的核算与监督两大职能是辩证统一、相辅相成的。没有正确、及时地核算，监督就失去了存在的基础，就无法在成本管理中行使控制、分析和考核的职能；同时，因为有了有效的监督，成本会计才能为企业提供真实可靠的成本信息。核算、监督缺一不可。

（三）成本会计的原则

1. 成本会计的一般原则

和财务会计一样，成本会计必须具备可靠性、相关性、可理解性、可比性、实质重于形式、重要性、谨慎性和及时性等基本特征。

（1）可靠性。可靠性是指会计核算应当以实际发生的交易或事项为依据，如实反映企业的财务状况、经营成果和现金流量。

（2）相关性。相关性是指企业的会计核算所提供的会计信息应当符合国家宏观经济管理的要求，满足有关各方了解企业财务状况和经营成果的需要，满足企业加强内部经营管理的需要。

（3）可理解性。可理解性是指企业的会计核算和编制的财务报表应当清晰明了，便于理解和应用。对于报表中难以用数字明确的问题，应当用文字加以说明。

（4）可比性。可比性是指企业的会计核算应当按照规定的会计处理方法进行，前后各期保持一致，会计核算口径应当一致，相互可比。

（5）实质重于形式。实质重于形式是指企业应当按照交易或事项的经济实质进行会计核算，而不应当仅仅按照它们的法律形式作为会计核算的依据。

（6）重要性。重要性是指企业在会计核算过程中对交易或事项应当区别其重要程度，采用不同的核算方式予以反映。

（7）谨慎性。谨慎性是指企业在进行会计核算时，不得多计资产或收益、少计负债或费用，对可能发生的费用和损失应当合理估计，但不得计提秘密准备。

（8）及时性。及时性是指企业的会计核算应当及时进行，不得提前和延后。

2．成本会计的特殊原则

成本会计是为企业内部成本管理和生产经营管理服务的一个会计分支体系，其目标和功能均有异于财务会计，因而还有其特殊的会计工作原则。

（1）效益性原则。效益性原则是指成本会计理论和方法要以提高经济效益为中心，成本会计的实际应用要能达到提高经济效益的目的。

（2）灵活性原则。灵活性原则是指成本计算的方法具有灵活性，更多体现企业内部管理的要求而不是企业外部信息使用者的要求。

（3）受益性原则。受益性原则是指在费用分配上遵循“谁受益，谁负担”的原则，按受益的多少来分配费用，充分体现费用分配的合理公平。

第二节　成本会计组织认识

为了充分发挥成本会计的职能，完成成本会计的任务，企业需要根据本单位生产规模的大小、生产经营情况的特点和成本管理的要求科学地组织成本会计工作。

一、成本会计的人员

企业一般需要配备专职或兼职的成本会计人员。成本会计人员需要具备认真、仔细、实事求是、敢于坚持原则的职业素质，业务上不仅要具有较为全面的会计知识，而且还要掌握一定的生产技术知识和经营管理知识。为了完成成本管理的任务，成本会计人员应经常深入企业生产经营的各个环节，了解实际情况，及时发现管理中存在的问题，提出改进的意见和建议，充分发挥成本会计的管理功能。

二、成本会计的法规制度

成本会计是企业会计工作的重要组成部分，会计工作的法律、法规均适用于成本会计工作。

（一）国家层面的法规

1. 会计法律

《中华人民共和国会计法》是会计法律制度中层次最高的法律，是制定其他法规的依据，是指导会计工作的最高准则。

2. 行政法规

会计行政法规由国务院发布，或由国务院有关部门拟定由国务院批准后发布，用以调整经济生活中某些方面会计关系的法律规范。会计行政法规主要有《企业财务会计报告条例》和《总会计师条例》等。

3. 会计制度

此类会计制度主要有《企业会计准则》《小企业会计准则》《企业会计制度》《会计档案管理办法》《企业产品成本核算制度（试行）》《会计从业资格管理办法》《财政部门实施会计监督办法》等。

（二）地方层面的法规

地方性会计法规是指省、自治区、直辖市、计划单列市、经济特区的人民代表大会及其常务委员会在与宪法、法律和行政法规不抵触的情况下，根据本地区特定情况制定、发布的会计规范性文件。

（三）企业内部的制度

企业在不违反以上法律规范的前提下，可以根据本企业生产经营的特点和管理要求，制定本企业的成本管理会计的规章制度，如成本预测和决策制度、成本定额制度、成本计划编制制度、成本控制制度、成本核算规定及流程制度等。

第三节　管理会计及其形成与发展

一、管理会计

（一）管理会计与企业价值

会计是一个信息系统，由若干子系统组成，其中两个最重要的子系统是财务会计和管理会计。“管理会计职能是其在企业经营管理活动中所具有的功能作用，是我国企业高质量发展的重要基础。传统以核算与监督为主的财务会计功能正在向价值创造与价值增值融合的管理会计功能方向转型。”[①]管理会计信息系统为一个企业（或组织）内部的各级经理乃至普通员工的决策提供信息，在本质上它是一种创造企业价值的信息系统。管理会计信息能够创造企业价值，在路径上是通过企业内部各类管理者和员工利用管理会计信息来实现的。

1．企业价值的主要内容

（1）企业价值首先是指股东价值，其基本形式是利润，另外还有投资报酬率（ROI）、权益资本报酬率（ROE）、经济增加值（EVA）、税息折旧及摊销前利润（EBITDA——利息、税金、折旧与摊销之前的利润）、市场价值（MV）等。股东价值直接地表达了股东的需要和追求。股东价值是全体股东而不仅仅是大股东的价值。

（2）企业价值还包括客户价值，即客户需要，其构成要素一般包括价格低、质量高、品牌响、随时买到、功能齐全、品种多样、服务周到、买卖关系融洽等。客户价值并不否定股东价值，两者之间的关系取决于企业所处的市场地位。如果企业处于垄断地位或者产品供不应求（如我国能源、名酒、名烟等），企业完全有可能以牺牲客户价值为代价来谋取股东价值的最大化，使股东价值与客户价值相互排斥。但是，如果企业处于竞争性市场或产品供过于求，股东价值则是客户价值的函数。企业只有满足客户需要，客户才有可能购买企业的产品和服务，企业才能取得收入，赚取利润，使股东价值与客户价值保持一致，客户价值成为实现股东价值的约束条件。

（3）企业价值包括利益相关者价值，即利益相关者的需要。利益相关者是指那些能够影响企业，又受企业影响的个人或团体，其构成相当繁杂，

① 冯巧根．管理会计的职能拓展与发展情境[J]．财会通讯，2023（5）：3．

但其中最主要的是股东、客户、员工、商业伙伴、社区/公众、政府等六种类型。不同利益相关者具有不同的需要。在这六类企业利益相关者价值中，股东价值居于主导地位。在一种条件下，股东价值的最大化可能以其他利益相关者价值的损害为代价；在另一种条件下，股东价值与其他利益相关者价值完全一致，是其他利益相关者价值的函数，其他利益相关者的价值是股东价值的约束条件。

2. 管理会计创造企业价值

（1）财务与非财务信息。管理会计既提供财务信息，又提供非财务信息。财务信息是以货币为计量单位的信息，包括诸如资金、成本、利润等财务绝对数，也包括根据财务绝对数计算的投资报酬率、负债率、每股收益、速动比率等各种财务相对数。

非财务信息则是以非货币单位或者以实物量、以时间为计量单位的信息。制造企业中，产品产量、单位产品材料耗用量、单位产品耗用小时、机器运行小时、市场占有率、客运企业的实载率、宾馆的入住率等都是非财务信息。还有一类非财务信息是技术经济指标，如火电厂的机组热效率（等于汽轮发电机组每千瓦时发电量相当的热量占发电热耗量的百分比）、养殖场的饲料转化率（等于投入饲料与产出肉或蛋的比率）、炼钢厂的吨钢电耗（等于冶炼耗电量与合格钢产量的比率）等，这些指标主要特征是将技术与经济紧密地联系起来。吨钢电耗高不仅表示炼钢技术水平低，也表示炼钢成本高、利润低；而饲料转化率高不仅表示养殖技术水平高，也表示养殖成本低、利润高。并不是所有非财务信息都可以纳入管理会计信息中，只有那些能够影响财务信息或者作为财务信息动因的非财务信息，对管理会计才有意义。

经营活动影响非财务信息，对财务信息具有决定性作用，财务信息创造企业价值，对经营活动具有导向作用。将财务信息与非财务信息结合起来保证了企业经营活动不会偏离创造企业价值的轨道。

（2）战略的制定与实施。为战略的制定和实施提供管理会计信息的过程称为战略管理会计。

企业战略目标是企业的整体性和长期性的目标。战略目标就内容而言，是企业整体性和长期性的、最大化或者最满意的企业价值。因此，在战略的制定过程中，无论选择股东价值、客户价值，还是选择利益相关者价值作为战略目标，没有管理会计信息的加入，很有可能导致战略偏离企业价值创造的轨道。

战略实施的主要手段是企业管理控制系统。在管理控制系统和战略制定之间，还有战略转换阶段，即将长期战略转化为短期或者年度的业绩指标，将企业的整体的短期或年度的业绩指标转化为企业各个层级、每个层级的各个单位、每个单位各位成员的业绩指标。

（3）决策支持系统。管理会计作为企业决策支持系统，在企业管理中发挥着重要的作用。它通过对财务数据的分析和解释，为企业管理者提供有关经营、投资、成本、预算和绩效等方面的决策支持信息，帮助企业管理者做出更加明智和有效的决策。

在实务上，管理会计提供的前馈信息和反馈信息并不少见，但发挥的作用却极为有限。一个重要的原因是决策者和会计人员都不知道各类决策都需要什么类型的信息以及如何生产和利用这些信息。另一个原因则是未能将前馈和反馈的信息分解成专业信息和管理信息，而是将两者混淆在一起。

专业信息大多以特定结构和目标来表达，例如资产负债表、损益表、现金流量表、预算、成本计算单、预算反馈表、业绩考核指标体系等，都是专业信息，它们的共同特点就是不能直接用于决策。管理信息是决策支持系统的产出，是针对特定问题而对专业信息“深加工”，所得到的决策预案。例如可以从某家上市公司的资产负债表发现其本季度末应收账款比上季度增加了 500 万元，增幅达到 10%，这是一条典型的专业信息，将这条专业信息转化为管理信息就是设计降低应收账款水平的决策预案。经过分析得知：应收账款中有 200 万元的账龄已超过 1 年；公司赊销政策规定的信用期为 180 天；银行贷款利率平均为 10%；财务部门未设置专人或专门机构归集应收账款；销售人员的业绩考核中不包括销售回款；有些客户信誉不好。

根据这些情况，可设计相应的决策预案：①独立设立或在销售部门内设立客户信誉评估单位，负责在销售合同签订之前对客户信誉作出评估意见。对于信誉不良的客户，或者拒绝接受订单，或者现金销售。②独立设立或者在财务部门设立应收账款回收专人或单位，负责回收应收账款。③将销售回款作为业绩考核指标与销售人员报酬挂钩。④拨专款奖励销售人员、财务人员以及信誉评估人员。假定这 200 万元逾期应收账款还将推迟 1 年，那么年利息损失将达到 20 万元，对于回收和减少应收账款的专项拨款正好从这里筹集。在这些决策预案中，决策者可能决定采取独立设置客户信誉评估部；将销售回款与销售人员挂钩，并按销售回款的 5%奖励销售人员，收回账龄 1 年以上的应收账款另加 2%奖励；2 个季度后应收账款余额降低到4500万元。这就是在专业信息基础上设计决策预案，继而进行决策的过程。

（4）经营管控系统。管理控制系统是由制定业绩标准、监督业绩标准的执行、对业绩标准执行结果奖惩等三个要素所构成的机制。因此，相应的管理会计信息也包括业绩标准、实际业绩反馈和奖惩三大类信息。而每一类信息又细分出若干信息类别。例如业绩标准可以细分为成本信息、预算信息、结果控制标准信息、过程控制标准信息、主观业绩评价信息等。

（二）管理会计与财务会计

尽管财务会计与管理会计信息源相同，计量单位甚至提供的财务信息也有相当的部分重叠，但两者的差别也非常明显。

1. 范围不同

范围是区分财务会计与管理会计最重要的标志。从财务会计看，无论公司有多大，都被当作一个整体，编制资产负债表、利润表和现金流量表等三张报表。从管理会计看，无论公司有多小，都被当作一个有结构的整体并为该整体及其各个组成部分提供信息。例如预算，不仅为整个公司编制包括利润预算、现金预算、预计资产负债表和资本预算在内的全面预算，而且为公司内部各个层级、单位乃至个人编制预算，并将完成预算的责任及相应的奖惩与这些层级、单位乃至个人连接起来，提供预算反馈信息。

2. 用户不同

财务会计为企业或者组织外部的利益相关者（主要包括股东、债权人和税务机关等）提供信息，而管理会计则为企业或组织内部各级管理人员乃至普通员工提供信息。实际上，财务会计中的分部就是企业内部的组织单位，与管理会计中的事业部几乎相同。这就是说事业部报告作为内部报告有可能作为分部报告对外披露；反之，作为外部报告的分部报告也有可能作为事业部报告为内部经理或高管所使用。

3. 目的不同

财务会计主要利用资产负债表、利润表和现金流量表来报告企业过去期间内的经营业绩，其目的在于解脱可稽核责任，特别是在所有权和管理权分立的企业中，管理者并非资本所有者，而资本所有者又不直接参与企业管理，因此，企业管理者通过披露财务报告以表明企业的经营业绩。管理会计提供信息的目的是协助普通员工、经理和高管的决策，是反馈和监管下级的经营业绩。如果有一套预计的财务报告，我们有可能将这两个目的衔接起来，也使得财务会计的可稽核责任分解到管理会计中。

4. 时效不同

财务会计信息是历史记录的汇总，而且推迟报告。例如按照我国证监会规定，上市公司可以在会计年度结束 4 个月之内披露财务报告，也就是说，上年度的财务和盈利状况的信息有可能在今年的 4 月 30 日才能获得。管理会计则相反，提供与当前和未来有关的信息。两者时效差别的原因在于两者的目的不同。

5. 限制不同

财务会计必须严格遵照外部权威机构制定的会计准则提供信息，这主要为了满足现代货币与资本市场中现有和潜在的投资者比较不同企业、不同行业的经营业绩和投资价值的需要。管理会计信息有多种类别，对于同一信息也按照统一口径和方法提供，但采用什么口径和方法则不受外部权威机构限制，完全由企业自己根据企业具体情况和决策需要确定。管理会计的这种特点也决定了不同企业的管理会计信息可能是不同的。

6. 信息类型不同

财务会计从产生开始就以货币为计量单位，尽管近年来财务报告中的非财务信息（例如环保信息、就业信息以及其他社会责任信息）的数量有增长趋势，但财务信息的特点并没有根本性地改变。而管理会计从产生就同时提供财务与非财务信息，例如最早的标准成本制度，单位产品材料耗用量与单位产品所需工时就是降低及控制成本的重要信息的组成部分。与客户、流程、人力资源、社会责任等相关的非财务信息涌入管理会计，为管理会计发挥作用提供了新的工具。管理会计中的非财务信息总是直接或间接地当作财务信息变化的动因。

7. 信息特征不同

财务会计信息通常以客观、可稽核、连贯和准确作为基本特征，相对而言，管理会计信息则包含着更多的主观判断，但这并不意味着管理会计信息是随心所欲的，它也要坚守有效、相关和正确的特征。例如，用一台新设备更新一台已完全报废但仍有折余价值 100 万元的旧设备：财务会计按照可稽核原则，旧设备价值还是 100 万元，需要进行必要的处理；但管理会计按照相关的原则，旧设备价值就是零。

（三）管理会计与企业组织

组织是指企业、事业单位和政府机构。以四个产业为标准，组织分为农业与采掘业企业、制造业（包括建筑）企业、服务业组织、政府组织。管理会计不可能脱离组织而单独存在，其知识和技能已经在各类组织中得到广泛应用和发展，并从制造业企业拓展到服务业组织和政府组织，也拓展到农业和采掘业企业。

无论何种组织，都是由人组成的，都是一个具有共同目标的人类群体。就组织目标的实现而言，组织最高领导者个人固然极其重要，但只有保障全体组织成员协调一致地工作才有可能圆满。为此，组织最高领导者必须将其领导的组织内部结构化和层级化。典型企业内部都分为高层、中层和基层，而每个层级又分若干单位，每个单位又由若干组织成员构成。将组织的各个层级及其构成单位用框图描绘出来，称为组织结构图。组织结构图表明组织的权力和责任的分配、命令与信息传递的渠道、利益或激励的结构，是了解组织的最便捷途径。

1．企业组织结构的主要类型

企业组织结构分为四种类型，具体如下。

（1）集权结构（简称 U 型结构）。集权结构是公司内部按职能划分为若干部门，各部门只承担责任，独立性很小，绝大多数权力和监控都集中在公司最高决策者手中。

（2）多分部结构（简称 M 型结构）。多分部结构也称分部经营结构，是指公司中层和基层各级各单位为半自治的分部或事业部，大多属于利润中心或投资中心。

（3）控股公司结构（简称 H 型结构）。控股公司结构较多地出现在由横向兼并、重组形成的企业中，它使合并后的各子公司保持较大的独立性，但控股公司高层借助于企业治理结构实现对这些子公司的管控。

（4）特许经营（简称 F 型结构）。特许经营最典型例证就是遍布全国乃至全世界的连锁店，母公司通过技术秘诀、统一经营和质量标准以及原材料供给或资金安排来控制那些特许的连锁店铺。

上述四种组织结构对于理解管理会计、发展适合我国企业的管理会计具有重要意义。特别是在 M 型结构的公司中，高层对中层各分部以及基层各单位的控制，在公司发展的早期主要是通过全面预算控制系统来实现，目前则以预算为主导的管控系统为杠杆，其中融合了平衡计分卡和业务流程改进与再造等管理创新的成果。

2. 企业组织结构的基本框架

企业或者营利组织的基本权力是所有权和管理权。所有权是企业资本提供者因提供资本而获得的权力，是企业绝大多数权力的根源，并直接派生出管理权。管理权是对企业资源支配的权力，目的是保障资源利用的效率与效果，增值资本，实现所有权。

从企业发展的历史看，早期的企业规模较小，所有者、管理者甚至劳动者三位一体。随着企业规模不断扩大，不仅劳动者成为企业成员中相对独立的群体，而且所有者和管理者的所有权与管理权也相互分离，企业也发展到公司形式。重要的是，在所有权和管理权分离的条件下，企业必须有一种机制来保障管理者按照所有者的意愿和利益有效地利用资源，否则，所有者将撤走资本，使企业无法继续经营。这种机制就是企业治理机制。

企业治理分为法人治理和经管治理。前者是一种相互制衡、相互稽核、按照既定程序运作的内部管控制度，其目的在于保障管理者所采取的行动符合所有者的意愿和利益；后者则是一种基于股东价值、权力、责任和利益相互统一的内部管控制度，其目的在于保障企业资源利用的效率和效果，使股东价值最大化。

法人治理包括股东大会、董事会和管理层，即两会一层。在运作上，全体股东组成股东大会；股东大会选举董事并组成董事会；董事会制定战略或企业的长期性和整体性目标，选择和任免管理当局成员，并监督管理当局的运作；管理当局一方面执行股东大会和董事会的决策，另一方面也通过经管治理来管理整个公司的经营管理活动。

经管治理的核心问题是集权与分权。简单地说，集权组织就是将决策的权力集中在组织高层，而分权组织则将决策权力分散到中层或基层。对于集权与分权不能笼统地比较孰优孰劣，因为各自都有适用的条件。一般来说，在企业的经营环境确定、目标明确、领导力较强的条件下，最适合采用集权组织，因为这样可以有效地动员和利用所有资源去实现目标，但也有可能因为对中层和基层管理较严而使企业失去活力。相反，在企业的经营环境不确定、目标模糊、信息不完整且不对称的条件下，最适合分权组织，因为这实际上是利用中层或基层组织成员了解市场、了解生产经营现场的优势，调动中层或基层组织成员的积极性，以便明确和实现目标，但也面临着中层和基层失控而使企业陷于混乱。

企业应根据经营环境的变化，适时地在集权与分权之间作出调整。绝对集权或绝对分权都不存在，企业现实的权力分配都是集权与分权的混合体，不同企业权力分配的差别仅在于集权和分权哪个占的比重更大或更小。换言之，站在公司高层的立场，既不能脱离中层和基层对所有事情独断，也不能将所有事情交给中层和基层全权办理。

3. 会计在企业组织中的地位

企业中，最高财务负责人为总会计师或者首席财务官（CFO），他们都属于企业高管成员，但在组织结构中的地位有明显的区别。

首席财务官所管辖的业务范围相当宽泛，不仅包括应收应付款项、总账、财产核算、工资发放、对外报告等，还包括成本计算、预算、绩效管理、税务、投资、风险管理、内部审计、计算机系统等。在我国大多数企业中，绩效管理归属人力资源部、投资归属战略与计划部、计算机系统归属信息技术部，而这些部门并不属于总会计师主管业务的范围，而是由专门副总经理主管。与首席财务官相比，总会计师的责任较小、地位较低。

在企业特别是上市公司中，管理当局中首先是首席执行官（CEO），其次就是首席财务官（CFO），再次是首席经营官（COO），其他都属于公司中层或参谋人员。在我国很多企业的高管层中，董事长是最高决策者，其次是总经理，再次是常务副总经理，之后是若干副总经理，最后才是总会计师。值得注意的是，由于我国企业倾向于集权管理，每位副总经理主管的业务板块往往相对独立，甚至自成体系。而对于总会计师，无论是就其主管的会计和财务工作，还是就其向总经理提供决策支持的职责，都必须将各个业务板块综合与连接起来。

在企业中唯有会计使用货币单位才能将纷繁复杂的企业经营表达出来，综合为股东价值，用来评价企业经营的效率与效果；各业务板块及其内部的业务活动只有符合股东价值，才是合理的，也需要会计评价；只有通过会计（例如预算），才能将各个业务板块整合起来，使之围绕着企业战略目标运作。

（四）管理会计职业认知

职业就是工作，职业界则指那些经过专门训练和权威机构认证并具有相同知识、技能和价值观的工作群体。随着科学技术发展和学科分化，职业界的种类越来越多，会计职业界也细分为注册会计师（CPA）、注册内部审计师（CIA）和注册管理会计师（CMA）三种既相互联系又相互独立的职业界。注册管理会计师由注册管理会计师资格认证机构进行认证。各个国家对注册管理会计师的资格认证的要求是不同的。

1．注册管理会计师的知识和技能

注册管理会计师考试分两个部分：第一部分考试内容包括外部财务报告决策、规划、预算和预测，绩效管理，成本管理，内部控制，科技与分析；第二部分考试内容包括财务报表分析，公司金融，决策分析和风险管理，投资决策，相关职业道德。这些考试内容也涉及经济学、统计学和财务会计等学科的基本知识。

另外，随着信息技术应用，企业资源规划（ERP）和财务共享服务（FSS）等整合能力不断提高，不仅某些传统的会计工作（如材料出库核算、差旅报销等）被转移给非会计人员处理，而且会计操作也变得极其简单，对相应会计人员的知识与技能的要求似乎也有越来越低的趋势。信息技术使得会计操作简单化的同时，也使得会计系统设计越来越复杂、越来越高深，从而对一部分会计人员的知识和技能的要求越来越低；而对另一部分会计人员的知识和技能的要求则越来越高，特别是在计算机基础上设计能够满足决策者信息需要的系统（诸如成本、预算、绩效、内控、激励等）的知识和技能，对于注册管理会计师来说，都是必不可少的。

2．注册管理会计师职业道德规范

注册管理会计师的职业道德是注册管理会计师必须遵守的行为规范，是一种稳定的职业心理和职业习惯，体现着注册管理会计师各成员之间以及每位成员与相关当事人之间的社会关系。相关当事人可能是总会计师、首席财务官，可能是总经理、董事长、董事会，也可能是企业利益相关者。对于注册管理会计师来说，应严格遵守职业道德规范。

二、管理会计的形成与发展

（一）管理会计的起源、发展与创新

管理会计源于美国，20 世纪 50 年代以后才逐渐成为一门相对独立的学科。但就学科内容而言，它实际上经历了一个长期的积累过程，迄今还在继续。考察管理会计的形成与发展可以帮助我们深入了解管理会计的各种理论和方法的形成和运用的条件，便于我们更有效地引进、吸收和创新管理会计，便于我们从历史角度来理解管理会计如何形成和如何创造企业价值。

1．管理会计的起源

在管理会计中具有奠基石作用的系统的理论和方法是19世纪末出现的标准成本制度。标准成本制度是泰罗制（TAYLORISM）的组成部分。泰罗制由美国工程师泰罗创造，是世界历史上第一个系统的管理理论，又称科学管理，泰罗本人也因此获得“管理之父”的称号。

泰罗制的产生是诸多因素综合作用的结果。首先，随着18世纪英国工业革命在美国的延伸，美国的手工作坊已逐渐转变为以机器为动力的工厂制企业；其次，19世纪中叶的南北战争的结束刺激了美国国内生产和生活资料需求的增长，企业面对着有利的生产者市场，企业管理的突出问题主要不是市场而是如何提高效率，美国企业界当时流行的工业合化运动为解决这个问题提供了可行的技术性方案；最后，当时的企业管理者大多凭借经验和直觉，甚至采用体罚和饥饿等非人道的手段管理工人，而这些非人道的手段随着企业的产生而兴起，当时已延续了上百年，并导致了美国乃至整个西方发达国家上百年轰轰烈烈的工人运动，其结果是一系列的法律调整，特别是代表工人利益的工会组织合法化，使得资方被迫放弃了非人道的手段，但这又带来出乎意料的问题，那就是工人的偷懒。

泰罗制就是在这种背景下为了解决其中的问题应运而生，包括两个要点：一是在内部结构上按职能组织制设置，即所谓管理专业化；二是为每位工人制定一个标准的日工作量，然后根据标准日工作量完成情况实行经济奖惩。标准成本制度是泰罗制的具体化，最先由工程师们发明和运用，后来被移植到会计领域并与账簿系统相结合。它由四个基本要素组成：①界定成本责任单位或个人；②制定单位产品成本标准，重点是利用工程方法制定单位产品材料耗用量标准，利用“时间动作研究”制定单位产品工时标准；③监控成本责任单位执行单位产品成本标准的过程，由计算成本、分解差异和编制成本业绩报告三个环节组成；④根据成本业绩报告或者产品成本标准执行的结果进行奖惩。

泰罗制的核心在于将工人的工作业绩（包括成本业绩）与工人的报酬挂钩，从而将劳资双方利益有机地结合起来。特别是，报酬与工作业绩挂钩之后，工人对于工作的那种外在的压迫感或强制性逐渐地转化为内在的自觉性。泰罗的观点同样适用于标准成本制度。

2．管理会计的发展

20世纪，美国经历了一次空前规模的兼并风潮，一大批公司制企业涌现出来。在典型意义上，公司制企业由若干家工厂组成，其采购、生产和销售在地域上几乎扩展到全国乃至全世界，而且具有多层级、多单位或部门、多活动、多产品的特点，这就是集团公司。对于集团公司的每一家工厂而言，提高经营效率仍然是首要的任务，泰罗制及其标准成本制度仍然有效，但对整个集团公司来说，如何将各个层级、各个单位或部门、各项活动、各种产品或服务，以及那些分散在各地的供产销机构和所有的员工有机地连接起来，围绕着一个共同的目标而运作，达到多元同心或目标一致，即所谓整合，在当时是一项全新的、对集团公司生死攸关的挑战。

为了应对这项挑战，美国集团公司都进行了连续不断的探索和尝试，其中最为成功的则是杜邦化学公司和通用汽车公司，它们的经验被概括为杜邦通用模式。杜邦通用模式实际上是政府预算方法被企业成功地引进和发展的结果，属于财务控制。它以事业部为基础、以投资报酬率（ROI）为标准而构建起来的全面预算管控系统，其精髓在于权责分散，监控集中。这就是说，集团公司高层一方面将产品定价、品种结构安排、产品设计、材料采购、客户关系等权力下放给事业部经理，由他们根据集团公司投资报酬率的要求和供产销的具体情况进行决策，并在这个基础上形成全面预算；另一方面又以全面预算为基础，定期收到各事业部经营情况的反馈信息，以确保各事业部经理的决策和行动符合集团公司投资报酬率的要求。杜邦通用模式在管理会计中也具有奠基石作用。它不仅丰富和发展了管理会计学科的内容，而且在实务上使管理会计成为集团公司管控系统的基础。

3．管理会计的创新

20 世纪 80 年代，美国企业环境进入新的变革时期，杜邦通用模式独步天下的局面开始被打破。

首先，由于西欧、日本、中国台湾、新加坡等国家或地区的企业的发展，极大地挤压美国企业在这些国家或地区的市场空间，同时在国际市场以及美国国内市场与美国企业展开直接竞争，其结果为美国企业长期受用的生产者市场逐渐为消费者市场所取代，从而要求美国企业必须在经营管理中充分体察和满足客户需要，杜邦通用模式显然无法满足这样的要求。

其次，美国科学技术的发展，特别是计算机、网络和远程通信等技术上的突破，使美国开始由工业社会向信息社会转变，从而使企业赚钱方式也相应地由依靠实物资本投资转变为依靠无形资产（如人力资产、信息资产、组织资产、声誉等）的开发和利用，而这一点正是杜邦通用模式的软肋。

最后，预算或者纯粹财务指标具备内在的缺陷就是无法直接反映那些导致财务指标变化的驱动因素（如人力资源、客户满意度、品牌、优质服务、企业文化等），这也一直是财务指标被肆意操纵和扭曲的主要原因。在新的企业经营环境下，财务指标的这些内在缺陷越来越多地暴露出来。

为了克服杜邦通用模式的局限性，适应新的企业经营环境，美国管理会计出现了一系列创新成果：①引进战略理念，并与传统的管理会计理论与方法相衔接（如预算）；②在总结美国企业管理会计实务发展的基础上，创立平衡计分卡（BSC）和作业成本（ACA）；③将管理会计打造成为战略实施的工具。管理会计创新在很大程度上深化和增加了管理会计学科的内容，也使管理会计从局限于在制造企业应用被普及到服务性企业、非营利组织和政府部门，并在这些企业或组织的管控系统中居于主导地位。

（二）中国管理会计的形成与发展

从形式上看，我国管理会计属于舶来品，是 20 世纪 80 年代以来，随着我国改革开放的不断发展，我国学者从美国引进的。但从内容上看，我国在引进管理会计之前已经有了与美国管理会计类似的理论和方法，同时，我国企业在引进和消化美国管理会计的过程中也总结、发展和创造出具有我国特色管理会计的内容。

1. 改革开放之前

我国实行集权型的经济管理体制。在这个体制下，除农村人民公社属集体所有之外，所有企业都是工厂制，也都属国有。这种工厂制的国有企业，其生产活动、财务收支、原材料供应、产品销售等经营活动由国家统一组织，其产量、品种、供销价格和劳动工资也由国家统一规定。这是一种没有市场的企业制度，因此，在企业管理上能够做的只有提高效率，也就是以最低的投入生产最高的产量。这也导致了会计创新：①班组成本核算制。当时以某自行车厂和某钢铁厂最为典型，内容包括划小核算单位、按核算单位分派成本责任与分析绩效、设置内部银行和厂币进行结算等，与美国的标准成本制度特别接近。②国有企业流动资金定额管理，特别是其中的计算方法，与美国的存货控制模型异曲同工。③国有企业生产、技术和财务综合计划。这与美国的全面预算管理也极为相近。④国家考核国有企业以非财务指标为主。

2. 改革开放之后

管理会计研究成果和实践经验都已经被引进我国。从实务上看，对于这些引进的成果和经验，有些尚未应用或应用不到位（例如作业成本法等），其余的应用部分大多是在引进的基础上，结合我国企业自己的历史经验和现实情况，以发展和创新为主流，从而出现了一批具有我国特色并行之有效的管理会计方法。

首先是全面预算管理。1993 年，我国企业形式由工厂制转为公司制；1998 年随着我国政府职能转变基本完成，出现了一大批由原国家工业部委转化而来的集团公司；同时基于民营企业的集团公司也层出不穷。在这样的背景下，顺应集团公司实现多元同心或整合的需要，预算管理出现，并具有明显的中国特色。具体表现为：①基于责任中心编制和执行预算，将美国的全面预算编制和责任会计结合起来；②预算编制是多维度的，突出会计维度，更突出组织结构维度并与奖惩制度的设计相结合；③在预算执行过程中将改革开放之前的厂内银行发展成为财务结算中心，成为监督下级预算执行、实现对整个集团公司的有效控制的强有力的手段；④将预算管理纳入集团公司管理控制系统的组成部分，实现大预算战略。

其次是国有企业绩效考核。我国企业中，国有企业一直居于主导地位，国家从来没有放松过对国有企业的考核。国资委主导的绩效考核包括国资委对国有企业的考核与国有企业内部各个层级上级对下级的考核两个层次。第一层次的考核主要是财务指标，2010 年以前采用利润总额和净资产报酬率，此后采用经济增加值（EVA）；为了保证指标水平的科学合理以及充分调动企业负责人积极性，还采用了相对业绩评价，包括标杆法和强制性排名法；考核结果直接影响企业负责人及企业员工的报酬、影响到企业负责人职务的升迁和政治待遇。第二层次的考核尽管形式多样，但共同点也很明显：①借鉴平衡计分卡方法，财务与非财务指标并用但以财务指标为主，并将传统的指标分解方法与平衡计分卡的战略转化功能结合在一起；②将业绩评价与预算管理结合起来；③创造进取指标或奋斗指标的概念，并与保底指标相对应，既保证上级考核指标完成，也刺激下级充分发挥自己的潜力。

总之，我国国有企业两层次的考核体系已经形成，其中知识成分和学术价值都是值得肯定的。

第四节　管理会计的基本理论

一、管理会计的基础理论

管理会计是一个管理控制信息系统，在理论上涉及一般系统理论、机制设计理论和行为科学理论。

（一）一般系统理论

一般系统理论包括系统论、信息论和控制论，分别由美国生物学家贝塔朗菲、数学家香农和维纳于20世纪20年代至50年代创立，被称为亚哲学，是人类在认识论和方法论上的一次巨大飞跃。按照一般系统理论，世界上任何事物都是一个由若干要素构成、具有特定功能的整体，即系统。系统是相对的，既可被分解为若干子系统，又从属于更大的系统。系统都具有功能或目的性，而功能或目的是通过反馈来实现的。反馈是一个监控过程，包括测度系统运行状态、控制者与被控者交换信息、矫正系统运行状态与功能或目的信息之间的偏差。根据一般系统理论，管理会计是一个管理控制信息系统，包括上级（控制者）和下级或员工（被控制者）两个主体以及设定企业运营目标和监控目标执行两个要素。

（二）机制设计理论

机制设计理论主要研究如何在既定的经济或社会目标下设计一个机制（规则和制度等），使相关经济活动参与者的个人利益与设计者的既定目标保持一致。按照机制设计理论，一个有效的社会经济机制包括信息与激励两个要素，并相应地解决两个基本问题：一个是信息效率，即信息的种类和数量，也就是信息成本最小化；另一个是激励相容，即通过某种激励使得相关经济活动参与者在追求个人利益的同时也实现机制设计者的既定目标。一般系统理论适用于人类社会，也适用于自然界，因而没有专门研究社会系统，而机制设计理论研究的就是社会经济机制。机制就是系统，因此，可以将一般系统理论与机制设计理论结合起来研究管理控制系统。

根据机制设计理论，很自然地在管理控制系统中增加一个激励因素，并且合乎逻辑地推论出：只要在管理控制系统或机制设计时，能够保障控制者与被控制者及其与设计者目标的激励相容，那么，控制者与被控制者就会为实现管理控制系统的目标而付出全部的努力。这体现了社会经济系统机制的特点，即在激励相容条件下，系统或机制以及被控制者的运行态势与系统目标之间差异的矫正，可以由原来控制者外部干预转变造成被控制者自身的自觉行为。在这个意义上，激励为管理控制系统目标的实现提供了原动力，使被控制者由被动转为主动，由消极转为积极，使管理控制系统也成为一个自动或半自动的系统或机制。

（三）行为科学理论

行为科学理论泛指社会科学各门类中有关人类行为的理论和方法，其中心理学、社会学、经济学尤为相关。心理学中的行为学派认为，个体行为是个体所处环境与个体特征相互作用的结果，在数学上是一种复合函数。按照该学派的观点，只要将管理控制系统拟人化，就可以研究管理控制系统中的控制者和被控制者的个体行为与互动行为，研究管理控制系统的环境决定因素和运行后果。决定因素主要是内部环境和外部环境中的相关因素，而运行后果则包括经济后果、心理后果和社会后果。

由此，我们为管理控制系统搭建起一个基本的框架。系统决定因素决定了管理控制系统或管理会计系统，进而决定了系统运行后果。这给我们很多全新的启示。例如管理会计的作用不仅取决于管理会计本身的完备性，而且取决于环境因素；不同环境、不同管理会计系统可能达到相同后果；相同管理会计系统的运行后果不同，很有可能是环境所致（例如环境的竞争或垄断）等。更重要的是，该框架为研究和分析理论与实务问题提供了新的思路。

二、管理会计的应用理论

管理会计的应用理论是在管理控制系统基本框架基础上展开的，主要包括三项内容：管理控制系统动态结构、管理控制系统的基本类型、组织层级与管控系统。

（一）管理控制系统动态结构

在社会组织中，控制的意义可以抽象为一个人对另一个人的影响，或者为 A 让 B 按照 A 的意图把 A 的事情办好。A 是控制者，B 是被控制者。在现实的企业中，管理控制是一个系统，是管理当局按照选定的战略目标，驱动和驾驭企业向着战略目标行进并实现战略目标的机制。基于此，它包括作为控制者的管理当局和作为被控制者的企业两个主体以及设计控制标准、监督标准执行、奖惩标准执行结果等三个基本要素。管理控制系统动态结构包括以下要点。

1. 控制者与被控制者

企业是层级组织。在企业中，管理当局是典型的控制者，一线员工是典型的被控制者。在管理当局与一线员工之间还存在着若干中间层级，这些层级上的经理既是控制者也是被控制者。

在现代企业中，控制者与被控者、上级与下级是一种合作关系。控制者不会任意摆布被控制者，被控制者也不可能完全失去自主性。因为在理论上控制者和被控制者关系成立的前提是双方在平等和自愿的基础上订立的契约，在现实中则是双方正式签订的、由法律保障的劳动合同。如果一方违约并造成另一方的损失，司法制度将保证受损方的损失能够得到违约方的足额补偿。这是市场经济的规则。

控制者与被控制者合作关系另一个保障则是激励制度，它不仅使控制者与被控者的利益结合起来，而且能够发挥被控制者的主动性和积极性。这是美国管理之父泰罗的发明。

2. 设计控制标准

在现代企业中，控制标准为管控系统规定了短期（通常为一年）内具体的运行方向。为了保持企业能够持续地、最大化地创造企业价值，在设计控制标准时，企业首先需要解决的问题就是如何将控制标准与战略衔接起来，从而使得战略具体化，使得管控系统成为战略实施的工具。控制标准与战略衔接的方法多种多样，但最规范、最系统的方法是平衡计分卡和业务流程改进/再造两种方法。

设计控制标准需要解决的另一个重要问题就是控制标准的种类。一般来说，控制标准分为客观控制标准和主观控制标准。客观控制标准就是事先由控制者与被控制者，或上级与下级双方同意的业绩考核指标，通常规定了计算公式，然后由被控制者去执行，最后由控制者根据事先同意的公式计算被控制者的业绩考核指标的完成情况，评定被控制者的实际业绩水平。客观控制标准又分为结果控制标准和过程控制标准。前者考核结果，假定过程应该与结果一致；后者考核过程，假定结果应该与过程一致。在企业管控实务上，大多数企业更倾向使用结果控制标准。

例如，集团公司考核子公司所使用的经济增加值（EVA）、利润、投资报酬率（ROI）、产品合格率、市场占有率等指标，都属于结果控制标准，都是按照既定的计算公式计算。过程控制标准，在企业管控实务上最典型的是内控制度，它规定被控制者完成某项作业所采取的步骤。在我国，企业过程控制标准主要由两部分组成：①财政部主导的企业内部控制标准委员会发布的相关标准；②企业根据自身需要制定的内控制度，其范围相当广泛。在整个控制标准中，过程控制标准和结果控制标准的权重可大可小，但不可偏废。

主观控制标准也称主观业绩评价（SPE），是指控制者或上级根据印象、感觉和偏好对被控制者或下级的实际业绩进行评价。也就是说，作为控制标准，被控制者事先知道谁将评价他的业绩、大概从哪些方面评价他的业绩，至于具体评价标准和方法，都将无法像客观控制标准那样以书面形式表示出来。一个企业的控制标准如果完全或者主要建立在主观业绩评价的基础上，那是很危险的。不仅有可能诱发员工之间串通、激化员工之间矛盾、涣散员工士气，而且管控系统必定会偏离目标，给企业战略目标的实现造成负面影响。但这并非否定主观控制标准的采用，而是说它只有与客观控制标准合理搭配使用时，才能发挥出积极作用。这主要表现在四个方面：①矫正客观控制标准与战略的偏差；②补充客观控制标准不能囊括的非定量因素之不足；③调节薪酬分配；④维护上级权威性。

3．监督控制标准

当控制者或控制者与被控制者共同制定控制标准之后，被控制者将按照控制标准的要求采取行动，最终实现控制标准。值得注意的是，在被控制者执行控制标准的过程中，控制者并非置身事外，而是对执行过程进行严格监督。

监督过程包括三个因素：计量、分析、反馈。计量的功能是反映被控制者执行控制标准的进度和结果。财务控制标准由会计系统提供，非财务控制标准由统计系统提供，主观控制标准则由打分取得。

分析的功能是将计量的实际进度和结果与控制标准比较，确定两者是否有差异；如果有差异，将继续分解差异，并发现原因、追溯责任和拟定整改措施。如何拟定整改措施取决于奖惩制度是否有效。在奖惩制度有效的条件下，控制者通常不采取任何措施，而是由被控制者自主决定，让奖惩制度发挥作用。但在差异特别大的情况下，也要结合企业的实际情况实施奖惩制度。

反馈的功能是将分析结果编制成报告形式，报送给控制者。反馈报告通常分为专业和管理两种。专业反馈报告用于业务部门，应尽量翔实；管理反馈报告提供给控制者，应尽量简括和有用。控制者对于反馈报告的内容，诸如是否采取措施、采取什么措施比较恰当、什么时间采取措施等问题，必须作出自己的评估或决策。

4. 设计奖惩制度

奖惩制度在操作层面上，就是将控制标准与奖惩资源有机地结合起来，是管理控制系统运行的原动力。奖惩资源分为精神和物质，或内在与外在两种。精神或内在的奖惩资源包括标兵、先进工作者等；物质或外在的奖惩资源又分货币（现金或股票、期权等现金等价物）与非货币（住房、配车、疗养等）。货币奖惩资源又分为变动和固定。比较而言，物质奖惩比精神奖惩更重要，货币比非货币更重要，变动比固定更重要。由于奖惩制度成为管理控制系统的基本要素，因而对上级来说，即使出现控制标准的差异，也不一定非要采取干预措施，因为有效的奖惩制度可以将被控制者执行控制标准的强迫性转化为自觉性和主动性。

没有奖惩制度的管理会计只能见数见物不见人。因为企业利益相关者的利益都或多或少、直接或间接地通过奖惩制度与管理会计信息相联系，而在一定意义上，人的行为又是为利益所驱动。因此，一定的管理会计信息代表着利益相关者一定的利益和一定的行为取向；不同的管理会计信息代表着利益相关者不同的利益和不同的行为取向。通过管理会计信息改变，可以将利益相关者引导和保持在实现企业战略目标的轨道上。

总之，管理控制系统在动态上是一个确定和实现控制标准的过程。在这个过程中监督和奖惩同样发挥着不可或缺的作用。在企业中，上级要想通过下级实现自己的意图，他必须做好三件事情：设计控制标准、设计奖惩制度、设计监督程序。唯有如此，自己的意图才能实现，才能从琐碎的事务中摆脱出来，把自己时间用在创造最大企业价值上。

（二）管理控制系统的基本类型

管理控制系统概念的使用非常广泛。在管理会计中主要包括以成本、预算、平衡计分卡、管理驾驶舱、企业社会责任等为基础的五类管理控制系统。这五类管理控制系统的框架都是相同的（即包括两个主体三个要素），不同点主要是控制标准。

1. 成本管控系统

成本管控系统的显著特点是以成本为控制标准，其目的有三：①降低成本，使成本水平低于竞争对手；②控制成本，使未来的成本水平与现在设定的成本水平相符；③提供成本相对价值，用比竞争对手更少的投入取得比竞争对手更多的产出。

成本管控系统本身有多种类型，包括标准成本制度、作业成本制度、目标成本制度和改进成本制度、责任成本制度、弹性成本计划与控制制度（GPK）以及跨组织成本管理、质量成本管理和环境成本管理等。成本管控系统之间的差别主要在成本降低的途径不同。例如标准成本制度主要通过动作时间研究、工程方法来降低单位产品的直接材料成本和直接人工成本，重点是直接成本；作业成本制度主要通过流程优化以剔除或压缩不增值作业来降低产品或服务成本，重点在于间接成本和非制造成本；目标成本制度是在产品研发和设计阶段通过采用新技术、新工艺、新材料等降低产品成本，重点是研发和设计阶段；改进成本制度通过在一线员工中树立主人翁意识，调动他们的积极性，重点在生产阶段；责任成本制度通过指标责任的压力和个人利益的驱动来降低产品成本，重点是原材料成本。

2．预算管控系统

预算管控系统的控制标准是预算，包括利润预算、现金预算、预计资产负债表和资本预算，它们代表着未来的股东价值。由于利润预算包括成本预算和收入预算，因而预算管控系统实际上包括成本管控系统。预算管控系统的目的主要有四个：①计划和控制，保障企业经营活动符合企业战略目标；②整合，将企业各层级、各单位和各位员工有机地连接起来，围绕着企业战略目标而运作；③配置财务资源，既保障财务资源以及由此引起的物质资源的供给，更要保障财务资源的利用效率和效果；④简化管理，通过预算审批授权和有效的预算监督程序设置，保障上级或预算管理者从琐碎的财务事务中摆脱出来。

无论是预算编制还是预算执行，都是在企业整体和在企业内部组织结构两个基础上完成。在企业整体上，预算编制主要是编制预计的三张财务报表（利润表、现金流量表和资产负债表），预算执行结果就是实际的三张财务报表。尽管预算执行过程中肯定还有监督，但相对来说比较简单，适用于小型企业，但对大型企业来说，通常都基于组织结构编制企业内部各层级、各单位的预算，然后再汇总成为整个企业的预算。

3．平衡计分卡管控系统

平衡计分卡管控系统的控制标准是平衡计分卡（BSC）。平衡计分卡作为控制标准至少由财务、客户、内部业务流程、学习与成长等四类业绩考核指标构成。平衡计分卡管控系统的基本目的是将企业管控系统的范围由单一的财务控制扩展为财务与非财务联合的控制，将财务与经营活动结合起来，以反映企业经营环境的变化对企业管理提出的新要求。由于平衡计分卡中财务类业绩考核指标就是预算或者根据预算计算的指标，因而，平衡计分卡管控系统包括预算控制系统。

平衡计分卡管控系统不仅没有贬低，反而提升了财务类业绩考核指标及其所代表的股东价值的重要性。尽管有客户、内部业务流程、学习与成长等类指标的引进，但财务业绩考核指标以及股东价值仍然是出发点和归宿。

4．管理驾驶舱管控系统

管理驾驶舱（MCP）借用了飞机驾驶舱的意义。民航飞行员驾驭着飞机将乘客送达目的地，这与一家企业或者企业某个部分的经理实现企业或其部分的经营目标和战略目标一样。飞行员主要依靠布满飞机驾驶舱的仪表仪盘，企业经理则依靠控制标准。

结果控制标准以平衡计分卡为基础，本身就是一张平衡计分卡，因此，管理驾驶舱管控系统包括平衡计分卡管控系统。

5．企业社会责任管控系统

企业社会责任管控系统的控制标准是企业社会责任（CSR）。企业社会责任是企业对其利益相关者承担的责任，并据以发展出若干业绩考核指标。理论上，反映经济责任的业绩考核指标应该与管理驾驶舱的控制标准是一致的，也就是说，企业社会责任管控系统包括管理驾驶舱管控系统。在现实中，尽管很多企业每年发布社会责任报告，一些专业组织也在积极研究和制订操作方案，但纳入企业管控系统还有一定距离。

（三）组织层级与管控系统

管理会计的组织层级一般可以分为高层、中层和基层三个层次，每个层次都有相应的管控系统。

1．高层管控系统

高层管控系统主要涉及组织的战略规划、预算审批、绩效考核等全局性工作，旨在确保组织的战略方向正确、资源分配合理、业绩目标达标。高层管控系统一般由制定战略、制定标准、监控标准执行、设计奖惩等要素组成，其管控重点是组织整体绩效和战略目标的实现。

2. 中层管控系统

中层管控系统主要涉及组织的中间管理层，包括各部门经理、主管等。中层管控系统旨在确保组织的中间管理层能够正确理解并执行高层的战略意图，同时对基层的工作进行监督和指导。中层管控系统一般由监控指标、分析趋势、优化流程、协调资源等要素组成，其管控重点是提高组织运营效率和实现阶段性目标。

3. 基层管控系统

基层管控系统主要涉及组织的基层员工和具体业务操作，旨在确保组织的基层工作能够按照规范的标准和流程进行，提高组织的执行力和操作效率。基层管控系统一般由操作规范、流程标准、质量监控等要素组成，其管控重点是保证组织的日常运营稳定和高效。

管理会计组织层级与管控系统是相互关联的，不同层级的管控系统具有不同的重点和职责，旨在实现组织的整体战略目标和提高运营效率。

第二章　企业短期经营决策及其应用研究

第一节　企业短期经营决策概述

一、企业短期决策分析概述

（一）短期决策分析的含义

决策是对未来实践的方向、目标、原则和方法所作的决定。

决策问题存在于人类生产、生活的各个领域，如政治、军事、文化等。管理会计中讲的决策只限于经济领域的决策，所以叫“经济决策”。经济决策在企业管理中占有非常重要的地位。管理学家通常认为管理的重心在经营，经营的关键在决策。决策是企业管理的核心，决策正确与否在很大程度上决定着企业的兴衰、经济效益的高低和生产秩序的好坏。

决策分析是企业在一定时期内，为达到某一经营目标，由管理人员在充分利用会计信息及其他有关信息的基础上，运用专门的技术方法进行科学的测算和分析比较，在众多可供选择的方案中，选定一个合理方案的分析判断过程。决策分析按其涉及时间的长短分为短期决策分析和长期决策分析。

“决策是决定企业管理工作成败的关键，是实施各项管理职能的保证，贯穿于企业生产经营活动的整个过程，而生产决策是企业短期经营决策的重要内容。”[①]短期决策分析一般是指只涉及一年以内的专门业务，并仅对该时期内的收支盈亏产生影响而进行的决策。这种决策分析通常不考虑增加设备或提供更多的物质生产能力，而是侧重于如何最充分、最有效地利用现有资源。如产品最优生产批量的决策，自制或外购零部件的决策，是否接受追加订货的决策等。本章着重讲述的便是短期经营决策的有关问题。

（二）短期决策分析的原则

决策分析原则是企业管理人员进行决策分析工作必须遵循的准则。一

---

① 闫瑞静．浅析企业短期经营决策中的生产决策[J]．中国农业会计，2020（2）：16.

般包括以下四项。

1．系统原则

系统是由若干个相互作用、相互依存的部分有机结合而成的整体。企业作为一个系统，有着明确的目标，并由许多相关联的部门构成。决策分析时既要考虑系统内部各因素的制约，又要考虑外部环境的影响；既要顾及各子系统之间的联系和协调，又要服从整体目标。只有这样，才能使整体效益达到最优。

2．目标原则

确定目标是经营决策的前提。经营决策问题是个十分复杂的问题，其目标往往有多个，有时各目标之间还有冲突，这就给决策带来困难。管理人员应根据目标重要性分清主次，抓住主要目标，把次要目标列为约束条件，有针对性地做好各个阶段的决策分析工作。

3．满意原则

传统的决策理论认为，决策者是“理性的人”或“经济的人”，在决策时他们受“最优化”的行为准则支配，应当选择“最优”方案；近代决策理论认为，由于决策者在认识能力和时间、成本、情报来源等方面的限制，不能坚持要求最理想的解答，常常只能满足于“令人满意的”或“足够好的”决策。

4．行动原则

决策分析的目的是作出满意的决策，而决策必须转化为行动。因此，在决策分析时必须考虑到将来实施的行动，方能使决策分析有效。

决策实施后还要注意检验，通过信息反馈，以便对正在实施的决策进行修正。

（三）短期决策分析的程序

1．确定决策目标

要进行决策分析，首先必须确定决策目标，即确定决策分析的具体内容。由于各种不同的决策目标所需的分析资料不同，所采取的技术方法也有所不同，因而，只有明确决策目标，才有可能作出科学的决策。

2．收集资料

决策分析所需资料是进行决策分析的重要依据。决策目标确定之后，就要有针对性地收集所需的数据资料和其他信息资料，并进行必要的检查、加工和整理。资料占有越充分，提出解决问题的方案就越多，分析的结论也就越精确。可见，收集资料是关系决策分析的目的和要求能否达到的一项重要工作。

3．拟订备选方案

根据决策目标有针对性地收集资料后，经过加工、整理提出实现目标的各种可供选择的方案。所提出的这些备选方案，必须都是经过测算切实可行的。如果这些备选方案都是不可行的，那么作出的决策也全是失误的。可见，备选方案的可行性研究也是决策分析中不可缺少的重要一环。

4．选择最优方案

备选方案提出之后，要采用一定的决策分析方法，从中选择出最优方案。决策分析方法多种多样，不同的决策目标可以采用不同的决策分析方法，选择确定适宜的决策分析方法，是提高决策工作质量、减少失误的重要保证。在将几个备选方案的经济效益进行对比分析后，经过筛选确定最优方案。

二、企业短期经营决策的多维成本概念

经营决策的最终目的是在诸多备选方案中选出最优方案。“优”的标准主要是经济效益，成本是衡量经济效益的一个关键性指标，但经营决策中所要着重考虑的“多维成本”概念同企业的基本成本资料既有联系又有区别。多维成本是根据企业经营管理的需要，特别是企业经营决策的需要而专门计算的成本数据。它可以是事前的，也可以是事中、事后的，可能已经发生，也可能没有发生；可以是全面的，也可以是专题的；可以是连续的，也可以是某个时期的。它没有公认的、固定的概念，也没有统一的、强制的规定。它是企业经营决策中极为重要的信息。

（一）差量成本

差量成本也称差异成本或差别成本，是指可供选择的不同方案之间在成本上的差异。不同方案的经济效果往往可以从不同方案的差别成本的对比中进行判别。从现有生产量的增加或减少所形成的成本上的差异看，在“相关范围”内，差异成本就是变动成本；超过相关范围，由于产量变动还可能引起固定成本和半变动成本的变动，差异成本在数量上不等于变动

成本。差异成本有时还和追加成本相混用。实际上，追加成本仅仅是差异成本的一种形式。工程技术人员往往把追加成本作为一个专门术语来使用。差异成本是经营决策中广泛应用的一个重要成本概念，它可用于许多方面的决策，如零部件外购或自制的决策，应否接受某项特殊订货的决策等。

（二）机会成本

机会成本是指已放弃机会可计量的潜在利益的价值。它是基于一种资源往往有多种用途，提供多种使用的机会，如果用于某一用途，就必须放弃其他用途，那么资源用于次好的、被放弃的其他用途可能得到的净收入，就是资源用于某一用途的机会成本。机会成本不是一般意义上的成本，它不构成企业的实际支出，也不记账，但它却是正确地进行经营决策必须认真考虑的现实因素。在经营决策时一般都要在若干方案中选出一个最优方案，从而放弃次优方案。权衡得失，已放弃次优方案的“失”，应能从选用方案的“得”中得到补偿。这是评价最优方案的一个必要条件。

（三）边际成本

边际成本是指成本对产量无限小变化的变动部分，其数学含义是成本对产量的一阶导数。在现实经济活动中，所谓产量无限小，最小只能小到一个单位，产量的单位小到一个单位以下，就没有什么实际意义了。所以边际成本的实际计算，就是产量增加或减少一个单位所引起的成本变动。

边际成本在经营决策中有许多重要作用。如在研究成本与产量的关系时，要掌握边际成本与平均成本之间的关系，当平均成本与边际成本相等时，平均成本为最低；在研究成本、收入与利润的关系时，要掌握边际成本与边际收入的关系，当边际收入和边际成本相等、边际利润等于零时，企业能实现最多的利润。这对促进企业提高生产经营的经济效益有着重要的指导意义。

（四）重置成本

重置成本是指按目前市价购买某项资产所需支付的成本，亦称现实成本、现价重置成本。它对正确计算实际损益和进行经营决策具有重要意义。我们知道，财务会计是以历史成本作为入账基础的。在价格发生变动的情况下，它对于面向未来的决策往往作用不大。比如关于产品定价的决策，就必须以重置成本作为考虑的重点。

（五）现金支出成本

现金支出成本是指企业在进行业务活动时必须实际支付的现金金额。这包括直接购买物料、支付员工工资、支付供应商账款、交纳租金和利息等方面的费用。在企业经营过程中，现金流的管理对于保持良好的财务状况至关重要。

特别是在企业面临资金紧张的情况下，现金支出成本成为决策过程中的重要因素。管理部门需要综合考虑不同方案的现金支出成本，以确定最佳方案。虽然通常会以总成本最低为目标进行决策，但在某些情况下，选择现金支出成本最少的方案可能更有利于企业的财务状况和流动性。

在资金紧张的情况下，选择现金支出成本最少的方案可以带来一些优势。这种决策可以减少企业的短期现金流压力，确保企业能够及时支付重要的费用和债务。通过降低现金支出，企业可以保持良好的流动性，降低资金需求，避免出现资金短缺和债务违约的风险。

同时，选择现金支出成本最少的方案还可以提高企业的资本运作效率。通过优化现金流出，企业可以更有效地利用有限的资金资源，将资金用于更有利可图的投资和运营活动。这有助于提高企业的经济效益和财务回报。

（六）沉落成本

沉落成本（也称为沉没成本或沉入成本）是指已经发生且无法收回的成本，无论目前的决策如何，都无法改变它们的金额。在企业的决策过程中，沉落成本是与决策无关的，不应考虑在内。相反，决策应该关注差异成本和现金支出成本。

沉落成本通常与过去的投资和支出相关。例如，假设企业购买了一台设备用于生产，但由于市场需求的变化，企业的生产能力现在过剩。此时，企业面临一个决策，即是否接受使用多余生产能力的订货。无论企业选择接受还是拒绝该订货，原始设备投资和折旧费用都不会改变，它们被视为沉落成本。因此，在决策过程中，这些成本不应该对决策产生影响，只需要考虑差异成本和现金支出成本。

通过忽略沉落成本，决策者能够更加客观地评估不同方案的经济效益。他们可以将注意力集中在差异成本上，即不同方案之间的成本差异。差异成本是指与每个方案相关的额外成本或收入的变化量，它们直接与决策相关，并可以用于比较不同方案的经济效益。

（七）可避免成本与不可避免成本

可避免成本发生与否，取决于经营者的决策。如果某项成本与某一方案直接相联系，采用这一方案，这项成本必定发生；如不采用这一方案，则这项成本不会发生，这项成本称为可避免成本。

不可避免成本是可避免成本的对称。其发生与否不取决于经营者的决策，无论是否实施某一方案，这项成本均是客观存在的。因而考虑新的决策方案时，无须考虑不可避免成本。

（八）可延缓成本与不可延缓成本

可延缓成本是和某一特定方案相联系的成本。如管理部门已决定要实施某一方案，但由于资金或其他方面的困难，不得不推迟这一方案的实施，这种推迟对目前的经营活动并不会产生较大的不利影响，那么同这一方案相关的成本就称为可延缓成本。它与可避免成本的区别在于，可延缓成本虽然可以延缓，但将来必须支出。

不可延缓成本是指已选定的某一方案，即使在企业财力有限的情况下也不能推迟执行，否则会对企业的生产经营造成较大的损害，与这一方案有关的成本就称为不可延缓成本。

（九）专属成本与共同成本

专属成本是指专门由于生产某种或某批产品而发生的固定成本。明确归属于某种或某批产品成本之中，故称为专属成本。为生产某种产品而使用的机床的折旧费、保险费等都是专属成本。

共同成本是指需要由几种、几批产品或几个部门共同分担的固定成本。例如，企业管理人员工资、共同使用的机器或厂房的折旧费等都是共同成本。

（十）相关成本与非相关成本

相关成本是指与决策有关，在进行决策分析时必须加以考虑的成本。非相关成本亦称无关成本，是指过去已经发生或虽未发生但对未来决策没有影响，在决策分析时无须考虑的成本。

相关成本与无关成本是根据成本与决策的“相关性”所划分的两种类型。与决策相关的如差别成本、机会成本、重置成本、现金支出成本、可避免成本、可延缓成本等都属于相关成本；与决策无关的如历史成本、不可避免成本、沉落成本等属于非相关成本。

第二节 企业生产与定价决策分析

一、企业生产决策分析

生产决策是企业经营决策的重要内容之一。这类决策所涉及的问题大体上可以分为三类：生产什么、生产多少和如何生产，即生产品种决策、生产数量决策和生产组织决策。

（一）生产品种决策

生产品种决策要解决的问题是生产什么产品，或提供什么劳务。这里要介绍的是利用现有剩余生产能力，或利用停产过时的老产品腾出来的生产能力，投产哪种新产品的决策分析方法。至于通过大量投资追加技术装备、扩大生产能力以发展新产品的决策，则属于长期决策范围，留待以后再介绍。

1．生产哪种产品的决策分析

企业应根据它的生产能力来安排产品的生产。如果企业可以用相同的设备生产不同的产品，就需要根据不同产品所能提供的预期利润进行分析、判断，选择对企业最为有利的产品。

2．开发新产品影响老产品的决策分析

无论是否开发新产品及开发哪种新产品，均是利用企业现有生产能力，固定成本总额不变，属无关成本。只需比较各个方案的边际利润总额，即可作出选择。

在开发新产品时，企业为了弥补生产能力不足的缺陷或满足新产品的一些特殊需求，往往要增添一些专用设备、装置、工具、模具等，与此相关的成本即为专属成本。

3．亏损产品应否停产的决策分析

企业生产经营几种产品，采用完全成本法计算损益，有的产品可能获利而有的产品可能会发生亏损。这时如何对待亏损产品，是停产还是继续生产将成为一个难题。如果亏损产品停产以后，闲置下来的生产能力无法被用于其他方面，既不能转产，又不能将有关设备对外出租，在这种情况下，只要亏损产品能够提供边际利润，就不应停止这种产品的生产。

在剩余生产能力无法转移的情况下，亏损产品只要能够提供边际利润，就能给企业增加利润，不应该停产。与此同时，微利产品、保本产品更不应该停产。

4．亏损产品是否转产的决策分析

如果亏损产品停产以后，闲置下来的生产能力可以转移，如用于生产其他产品、承揽零星加工业务或将设备对外出租，那么即使亏损产品能够提供边际利润，也不一定继续生产。

在短期决策中，由于不改变生产能力，固定成本一般稳定不变，决策时可不予考虑，需要考虑的只是边际利润，哪种方案提供的边际利润越多，越能为企业带来更多的利润，哪种方案就应被采纳。

（二）生产数量决策

在确定生产什么产品之后，接下来便是生产多少的问题。生产数量决策主要解决三类问题：产品组合决策分析，是否接受追加订货的决策分析，以及最优生产批量的决策分析。

1．产品组合决策分析

企业的生产经常会遇到设备能力、原材料来源、动力供应等方面的限制，产品组合决策就是研究如何将有限的生产资源充分利用并在各种产品之间作有利的分配，以便使企业获得最大的经济效益。

如果产品超过两种，约束条件较多，可采用单纯形法确定最优产品组合，也可借助电子计算机求解线性规划问题。

2．是否接受追加订货的决策分析

当企业生产能力有剩余时，可以考虑接受客户的追加订货。至于能否接受客户的追加订货，取决于客户所开出的销售单价。如果客户开价与正常销售价格相同，毫无疑问应当接受追加订货；如果客户开价低于正常价格甚至低于计划产量的平均单位成本，则应针对不同情况考虑是否接受这种条件苛刻的追加订货。

（1）当追加订货不冲击本期计划任务的完成，又不要求追加专属成本，而且剩余生产能力无法转移时，只要客户开价高于该产品的单位变动成本，就可以接受追加订货。

（2）当追加订货妨碍本期原有计划任务的完成时，应将由此而减少的边际利润作为追加订货方案的机会成本；当追加订货增加的边际利润足以补偿这部分机会成本时，方可接受追加订货。

3．最优生产批量的决策分析

在按批生产的企业中，每批生产时，都将发生“准备成本”，如调整机器设备，准备工具、模具，布置生产线，下达派工单等。每批产品发生的准备成本基本上是相同的，因此，年生产准备成本与生产批数成正比。批数越多，年准备成本就越高；反之，就越低。要想降低年准备成本，就应减少批数。但是，减少批数必将增大批量，从而提高与批量成正比的“年储存成本”，即仓库及设备的折旧费和修理费、保险费、保管人员工资、利息等；反之，要降低年储存成本，就需要缩小批量，增加批数，但其结果却又提高了年准备成本。最优生产批量的决策分析就是研究如何确定批量和批数，才能使这两种成本之和达到最低的程度。所谓最优生产批量也称经济批量，就是指这两种成本之和最低时的批量。

在成批生产一种产品、零件时，确定最优生产批量和最优生产批数可按如下公式计算：

$$Q^* = \sqrt{\frac{2AS}{C\left(1-\frac{d}{P}\right)}} \tag{2-1}$$

$$N^* = \frac{A}{Q^*} \tag{2-2}$$

$$T^* = \sqrt{2ASC\left(1-\frac{d}{P}\right)} \tag{2-3}$$

式中：A——全年销售量；

S——每批准备成本；

C——每单位产品（零件）年均储存成本；

P——每日产量；

d——每日销售量（耗用量）；

Q^*——最优生产批量；

N^*——最优生产批数；

T^*——最低总成本。

（三）生产组织决策

生产品种、数量确定之后，还需解决如何组织、安排生产才能使企业降低成本，获得最大收益的问题。在这方面，既有技术问题，也有经济问题。这里只介绍三类决策：有关产品是否深加工的决策分析；零、部、配件取得方式的决策分析；生产工艺技术方案的决策分析。

1. 有关产品是否深加工的决策分析

企业生产出来的产品可按不同的加工深度组织经营。如纺织厂既可以直接出售棉纱，又可以进一步将棉纱加工成坯布后再出售。这时企业会面临将产品加工到什么程度再出售的问题。

在这类决策中，深加工前的半成品、联产品或副产品的成本（无论是变动成本还是固定成本）都属于沉落成本，与决策无关，不必加以考虑；相关成本只包括与深加工有关的成本。是否应该进一步加工，需视进一步加工后增加的收入是否超过增加的成本而定。

（1）半成品是否深加工的决策分析。半成品本来是企业连续生产的中间产品，但它们往往也可以直接上市出售，如白灰厂生产的生石灰，既可以进一步加工成熟石灰，也可以直接出售。深加工后的产成品售价自然要高于半成品售价，但相应要追加一定的深加工成本。因此，在决策时不但要考虑作为半成品和产成品的销路问题，还要考虑有关售价、加工成本、专属成本、现有深加工能力及其是否可以转移的问题。当半成品与产成品的投入产出比不为 1∶1 时，要考虑它们的相关产量。

（2）联产品是否深加工的决策分析。联产品是指对同一种原材料按同一生产过程生产出来的若干种经济价值较大的产品的统称。如石油化工厂对原油裂化加工分离出来的汽油、柴油、重油等产品都属于联产品。

有些联产品可以在分离后就出售，也可以继续加工后再出售。分离前的成本属于联合成本，要按售价等标准分配给各种联产品。联产品在分离后继续加工的追加变动成本和专属固定成本称为可分成本。联合成本是沉落成本，与决策无关，可分成本属于决策相关成本。联产品是否继续加工与半成品是否继续加工，问题相似，只要进一步加工增加的收入超过增加的成本，就应继续加工，否则应立即出售。

（3）副产品是否深加工的决策。副产品是经济价值很低或没有经济价值的联产品，其是否继续加工的决策，可参照联产品的分析方法处理。如果副产品是作为废料处理的，则它不仅不能直接出售，相反还要发生一定处理的费用，那么继续加工时就可省去这部分处理费用。省去费用同增加收入的结果是相同的，因此当继续加工后的销售收入与废料处理费用之和超过加工费时，在经济上就是合算的，应当继续加工，否则应直接处理。

2．零、部、配件取得方式的决策分析

很多企业都存在零配件应该自制还是外购的问题。进行这类决策时，除了考虑零配件的质量保证、价格水平波动、市场供求变化等因素以外，还应考虑成本的高低，即将外购方案增加的成本（购入成本包括买价和订购、运输、装卸、保险、收货等费用）同自制方案增加的成本相比较，择其低者。由于自制和外购所依据的情况各异，故应根据具体情况进行分析。

3．生产工艺技术方案的决策分析

制造企业有时可采用不同的工艺技术进行生产，如同一种产品既可以用手工操作方式，又可以安排半机械化、机械化或自动化方式生产。在一般情况下，自动化程度越高，产品单位变动成本就越低，因为可以降低材料消耗，降低工人劳动强度，提高劳动生产率，但这就要求相应增加固定成本；反之，自动化程度越低，产品单位变动成本越高，而固定成本较低。因此，必须根据市场供求条件、产品所处的寿命周期阶段等信息以及未来销量的变动趋势，以销定产，根据生产计划规模决定选用何种技术工艺方案，而不能片面地认为机械化、自动化程度越高越好。总的来说，产量较大时应采用自动化程度较高的工艺，产量较小时应采用自动化程度较低的工艺。于是必须先求出划分这种产量大小的标准，即成本分界点，才能根据计划产量抉择生产工艺方案。在进行这种决策分析时，不必考虑那些对各方案相同的固定成本，如管理人员工资、折旧费、办公费、差旅费等，只需考虑对各方案不同的专属固定成本，如消耗性材料、工具装备费、设备调整准备费等。

二、企业定价决策分析

管理会计中的定价决策只是在一定范围内才起作用的，而并非适用于所有商品的价格确定。西方将高度发达的市场经济环境中的价格划分为垄断价格、完全自由竞争价格和企业可控制价格三大类。

其中，垄断价格（不论是国家垄断价格还是企业财团垄断价格）对于个别企业来说，只能执行，无法变更，不存在定价决策问题。在完全自由竞争条件下，即当市场上某种商品的供应者与购买者的数量都很多，又很分散，此时完全由供求规律支配所形成的价格为完全自由竞争价格。由于个别企业的市场占有率都较低，若擅自提价或降价，只会失去原有市场或招致损失。因此企业必须根据市场客观的供求规律去测定均衡价格并自觉

执行它。只有企业可控制价格才属于管理会计中定价决策的范围。所谓企业可控制价格是指企业可以自行决策的价格。企业的经济效益与定价决策的好坏有着密切的关系。企业在定价时应充分考虑产品的成本水平、质量好坏、所处寿命周期阶段、市场供求关系及国家价格政策等因素，既需运用一些计算分析方法，又要讲究定价策略。

（一）以成本为导向的定价决策方法

价格的基础是成本，定价必须根据成本。为新产品和非标准产品定价要考虑成本，为工程项目投标定价以及商业企业为商品定价更是离不开成本。按成本定价的方法很多，有的利用全部成本法提供的成本资料，有的利用变动成本法提供的成本资料。

1. 按总成本定价

当企业只生产一种产品时，可以采用以总成本为基础的定价方法。计算公式为：

$$单价=\frac{预计总成本+目标利润}{预计产销量} \qquad (2\text{-}4)$$

不论按哪种成本计算模式，上式中总成本都按相应的产品成本加上期间成本确定，目标利润可以事先确定，也可以按投资利润率、成本利润率加以确定。

当企业生产多种产品时，若用此法，应先将联合固定成本（即与各种产品都有关的固定成本）采用合适的标准分配给各有关产品，以确定各产品的总成本。只因产销某种产品而发生的专属固定成本不必分摊，只能由有关产品负担。当然，目标利润也应在各种产品之间分配。

按总成本定价所需资料比较容易取得，计算也较简单，但销售量预测不准或固定成本分配不当时，定价就会不准。这种决策分析方法对产销数量稳定或按固定客户订单生产的企业较为适用。

2. 按单位成本定价

（1）按单位成本加成定价。这种方法简称成本加成定价法，即在单位产品成本基础之上按一定的加成率计算确定商品价格，其公式为：

$$价格=单位产品成本\times（1+加成率） \qquad (2\text{-}5)$$

在不同成本计算模式下，单位产品成本和加成率的口径有所不同。如以完全成本法为基础，加成内容有销售管理费及目标利税；若以变动成本法为基础，加成内容应包括固定成本及目标利税。总之，要随成本基础确定其加成内容。

成本加成定价法是一种传统定价方法，其优点是简便易行，能保证成本得到全部补偿。其缺点是会忽视市场供求关系，不能刺激企业努力降低成本去争取利润。

（2）按单位产品成本及相关收益比率定价。这是在单位产品成本及相关收益比率的基础上进行定价的一种方法。在完全成本法下，可按如下公式：

$$价格=\frac{单位产品成本}{1-销售毛利率}=\frac{材料成本+单位加工成本}{1-销售毛利率} \tag{2-6}$$

在变动成本法下可按如下公式：

$$价格=\frac{单位变动成本}{变动成本率}=\frac{单位变动成本}{1-边际利润率} \tag{2-7}$$

在成本发生变动而重新定价时，可以考虑沿用历史的变动成本率或边际利润率。在为新产品定价时，可以考虑采用同类产品的变动成本率或边际利润率。这种定价方法十分简便，临时接受订货时常采用此法。

（3）合同奖励定价法。当新产品上市，无市价可资比较时，一般由供求双方以成本为基础协商定价。比如供求双方在合同中订明预计成本和预期利润，并规定实际成本超过预计成本时，可实报实销；成本如有节约，则按合同规定比例由双方分享。

（二）以市场需求为导向的定价决策方法

以市场需求为导向的定价决策方法又叫按需定价的方法。这种定价方法优先考虑的是消费者对价格的接受程度，企业必须研究确定什么样的价格才能使企业的产销量不仅符合社会需要，而且能给企业带来最佳效益。按需定价应考虑价格与供求的关系、均衡价格以及最佳的售价等问题。

1. 供求曲线与均衡价格的形成

（1）需求曲线。在其他条件（如需求者的购买力和爱好，其他相关商品的价格等）不变的情况下，一种产品的需求量会随价格的上升而减少，随价格的下降而增加。将这种关系绘入直角坐标系，即得需求曲线。

需求曲线会随着条件的改变而移动。当需求者的收入增加、消费兴趣提高，或相关产品涨价时，需求曲线会向右移动。

（2）供给曲线。在其他条件（如生产要素价格、生产技术水平等）不变的情况下，供给量会随着价格的上升而增加，随价格的下降而减少。将这种关系绘入直角坐标系，即得供给曲线。

如果其他条件发生变化，供给曲线也会移动。当生产要素价格上涨，或原料来源减少时，供给曲线会向左移动；反之，则向右移动。

（3）均衡价格。如果将一种产品的需求曲线和供给曲线绘入同一直角坐标系，则曲线与曲线将相交于供求平衡点。平衡点横坐标的值代表供求平衡的数量，纵坐标的值代表供求平衡时的价格，即均衡价格。

当价格高于均衡价格时，会出现供大于求的局面，造成产品过剩。供应者为了卖出商品只得削价出售，从而刺激需求量上升，同时供应者因售价有下降趋势，便会主动减少供应量，从而最终达到供求平衡；当价格低于均衡价格时，会导致供不应求的局面。这样，一方面，消费者愿意以高于最低价的价格争购商品；另一方面，又会因价格提高而促使生产者追加供应量。随着物价的不断提高，消费者的需求热情会再度下降，最终会达到供求平衡。可见，不论哪种情况均会自动达到供求平衡。

综上所述，便可得出以下供求规律：需求的增加会提高价格，并增加购买量；需求的减少会降低价格，并减少购买量；供给的增加会降低价格，并增加购买量；供给的减少会提高价格，并减少购买量。

2．最优价格的确定

对企业自行定价的产品，如果定价过高，将会减少销售，甚至被逐出市场；如果定价过低，则不能保证足够的利润，甚至会发生亏损，使企业无以自立。最优价格既不是水平最高的价格，又不是水平最低的价格，而是能够使企业获得最大利润的价格。最优价格决策是根据边际收入等于边际成本时利润最大，此时的价格和销售量是最优价格和最优销售量这一原理来确定的价格决策。由于收入及成本函数有连续型和离散型之分，故最优价格的确定有公式法与列表法两种。

（1）公式法。当收入成本函数均为可导函数时，可采用公式法。这种方法的优点是以微分极值原理为理论依据，可直接对收入与成本函数求导，计算结果比较精确。缺点在于售价与销量的函数关系及总成本函数关系不容易确定。另外，只有可导函数才能求导，对于非连续函数则无法用公式法，只能借助列表法才能求得最优售价。

（2）列表法。当收入和成本函数均为离散型函数时，可通过列表判断边际收入与边际成本的关系或考察边际利润的值来确定最优售价。例如，某企业产销甲产品。

当收入成本为离散型函数时，边际收入是指在一定销量的基础上增加一个单位的销量所增加的销售收入；边际成本是指在一定产量的基础上增加一个单位的产量所增加的成本；边际利润是销量增加一个单位所增加的利润，它也是边际收入与边际成本之差。在离散条件下，除了当边际收入=边际成本，即边际利润等于零时，可找到最优售价外，还可以在边际利润为不小于零的最小值的地方找到最优售价。

这种定价方法，既根据成本水平，又考虑市场情况，较为科学。但准确估计各种价格的期望销售量及获得各种相关资料却需要付出不小的代价。

3．调价决策的方法

（1）利用价格弹性确定调价策略。在市场经济条件下，不可能指望某种产品的价格一成不变，对价格进行调整是企业定价决策需认真考虑的问题之一，而调整价格又必须首先考虑到价格弹性的作用。

在其他条件不变的情况下，一种产品的需求量会随着价格的上升而减少，随着价格的下降而增加。但是不同产品受影响的程度是不一样的。如食盐价格上升50%而引起的需求量的变化肯定要远远小于羊绒大衣因价格上涨50%而引起的需求量变化。为了比较不同产品的需求量因价格变化而受到影响的程度，经济学上使用“价格弹性”作为工具。

价格弹性又称需求的价格弹性，它是反映需求量对价格变动的反应程度的。其计算公式为

$$\text{价格弹性}(E)=\frac{\text{需求量变动的百分比}}{\text{价格变动的百分比}} \tag{2-8}$$

其经济含义是价格变动百分之一会使需求量变动百分之几。在计算价格弹性时需注意：由于价格弹性公式中，分子、分母是按相反方向变动的，即价格上升时，需求量下降；价格下降时，需求量上升；所以计算出来的价格弹性是负值。但通常我们使用绝对值来比较弹性的大小。

当 $|E|>1$时，被称为弹性大，表明价格发生较小幅度变化会引起需求量产生较大幅度反应；如高档的奢侈品、装饰品，有其他替代品的商品等。当$|E|<1$时，被称为弹性小，表明即使价格发生较大幅度变化，需求量的变化幅度也不会太大，如粮食、食盐、医药等生活必需品。当$|E|=1$时，表明

需求量与价格变动幅度一致。

利用价格弹性进行调价的策略是：对于弹性大的产品应采用调低价格的方法，实现薄利多销；对于弹性小的产品，在条件允许的范围内应适当调高价格，以达到增加收益的目的。

通常人们认为要增加收入就只有提高价格的想法是不正确的。当商品的价格弹性大时，降低价格，采取薄利多销的方式，能增加销售收入，为企业带来更多的收益。

（2）利用利润无差别点确定调价策略。尽管价格弹性在调价决策中有很大的指导作用，但在实际经济生活中，有时很难确定弹性，这时可利用利润无差别点进行调价决策。

利润无差别点是指某种产品为确保原有盈利水平，在调价后至少应达到的销售量指标。其计算公式为：

$$\text{利润无差别点销量}(x_n)=\frac{\text{固定成本}+\text{调价前可获利润}}{\text{拟调单价}-\text{单位变动成本}}=\frac{a+P^*}{p-b} \tag{2-9}$$

利润无差别点销量其实质就是保利销售量（目标销售量），此时目标利润 P^*为调价前的利润额。利用无差别点进行调价的策略是：若调价后预计销售量大于无差别点销量，则可考虑调价；若调价后预计销售量小于无差别点销量，则不能调价；若调价后预计销售量等于无差别点销量，则调价与不调价效益一样。

（三）以特殊要求为导向的定价决策方法

1. 保本定价法

在竞争的形势下，有些企业生产经营的个别产品价格在一定条件下可能定得比较低，只有微利甚至仅仅保本，如为开拓市场、争取顾客，提高产品的市场占有率等。企业可按下面公式确定保本价格：

$$\text{保本价格}=\text{单位变动成本}+\frac{\text{固定成本}}{\text{预计销量}} \tag{2-10}$$

只要价格略大于或等于保本价格，企业就不会吃亏。这种方法除了适用于竞争产品保守价格的制定外，还可应用于计算确定那些需要追加专属成本的特殊订货的最低可行价格。

2. 保利定价法

保利定价法就是利用本量利分析原理中介绍过的实现目标利润的价格公式进行定价的方法。计算公式为：

$$保利价格=单位变动成本+\frac{固定成本+目标利润}{预计销量} \quad (2-11)$$

3. 反向定价法

反向定价法是根据产品消费者能承受的零售价格，决定企业在制造产品时只能用多大成本和销售费用，进而反向推算出产品出厂价的定价方法。这种方法需要进行大量调查研究或征询用户、分销商的意见，拟定出购买者或消费者可以接受的价格，然后反向推算出厂价格。这种方法根据市场需求、购买力水平和消费者愿意支付的价格而定价，是一种比较好的定价方法。

4. 最低极限价格定价法

企业出于经营上的某种需要或考虑有时要制定最低的价格作为经销产品售价的下限。在企业生产能力有剩余且无法转移时，追加订货的最低极限价格就是单位变动成本。对于那些实在难以找到销路的超储积压物资和产品，甚至可以规定它们在一定时期内平均负担的仓储保管成本和损耗费以及有关的资金占用成本的合计数作为确定极限价格的依据。只要出售价格不低于这种极限价格，出售就是有利可图的，或使蒙受的损失最小。

第三节 短期经营决策在企业的应用

一、短期经营决策的过程

（一）确定要解决的决策问题

在研究短期经营决策时，我们需要明确所要解决的具体问题。这些问题通常涉及短期内的经营活动，目标是最大化企业的利润。在决策问题的界定中，我们还要考虑相关的成本因素，以确保决策方案的经济可行性。

短期经营决策通常与以下因素相关：市场需求的变化、生产能力的调整、产品定价策略、成本控制、投资决策、产品组合优化等。例如，企业可能面临如何确定最佳生产数量、是否应该接受特殊订单、是否应该进行促销活动、如何调整产品定价以应对市场竞争等问题。

在确定决策问题时，我们需要明确时间跨度，因为短期决策往往需要快速反应并能够在较短时间内产生可见的效果。此外，我们也要明确决策目标，通常是追求短期内的利润最大化，但同时也要确保决策符合企业的长期战略目标。

通过准确定义和确定要解决的决策问题，我们可以为后续的备选方案制订、决策方法选择以及最优方案的确定提供明确的目标和指导。这有助于保证决策过程的准确性和有效性，并为企业的短期经营决策提供科学的依据。

（二）制订备选方案

在解决短期经营决策问题时，我们需要制订备选方案来应对不同的情况和挑战。制订备选方案的过程需要管理者充分搜集和整理相关资料，并进行头脑风暴，以产生多种可能的方案。

在搜集和整理资料的过程中，管理者需要收集与决策问题相关的数据和信息。这可能包括市场需求趋势、竞争对手的行动、供应链的情况、产品成本和定价信息等。这些信息的收集和分析有助于管理者全面了解当前的经营环境和内外部因素的影响。

头脑风暴是一个创造性的过程，通过集思广益，可以产生多种备选方案。在头脑风暴中，管理者可以邀请团队成员或相关专业人士参与，共同提出各种可能的解决方案。这种开放性和多元化的思考有助于挖掘潜在的创新点和新颖的决策方案。

一旦生成了多个备选方案，管理者需要对它们进行评估和筛选。评估备选方案的标准可以包括经济效益、风险与回报的平衡、可行性、资源需求等。通过定量和定性分析，管理者可以对备选方案进行比较，并筛选出最具潜力和可行性的方案。

在制订备选方案时，还需要认识到一些方案可能是不可行或不适用的。在评估和筛选过程中，管理者需要理性地判断，并放弃那些不可行的方案，以减少决策过程中的风险和资源浪费。

制订备选方案的过程是决策过程中的关键一步，它为后续的决策方法选择和最优方案的确定提供了基础。通过充分收集资料、进行头脑风暴和评估，管理者可以确保备选方案的全面性和多样性，提高决策的质量和准确性。

（三）选择决策方法

在制订备选方案之后，我们需要选择适当的决策方法来对这些方案进行评估和比较。管理会计学提供了一套科学的短期经营决策方法，可以帮助管理者量化方案，并进行有效的分析和比较。

其中一种常用的决策方法是边际贡献法，它通过分析每个产品或服务的边际贡献，即销售价格与可变成本之间的差额，来评估方案的经济效益。边际贡献法可以帮助管理者确定产品定价、产品组合和促销策略等方面的决策。

差量分析法是另一种常见的决策方法，它通过比较不同方案之间的差异，例如销售量、成本结构、利润水平等方面的差异，来评估方案的优劣。这种方法可以帮助管理者理解方案之间的关键差异，并作出相应的决策。

此外，数学规划法也是一种常用的决策方法，特别适用于复杂的决策问题。数学规划法基于数学模型和优化算法，通过对决策变量、目标函数和约束条件的建模和求解，寻找最优的决策方案。它可以帮助管理者在多个决策变量和约束条件之间找到最佳的平衡点。

还有成本无差别点法等其他决策方法，它们根据不同方案的成本结构和销售情况，确定能够使各个方案收支平衡的销售量或产量水平。这种方法可以帮助管理者了解不同方案的盈亏平衡点，从而作出明智的决策。

在选择决策方法时，管理者需要根据具体情况和决策问题的特点来决定使用哪种方法或组合多种方法。选择合适的决策方法可以提供准确的量化分析和比较，帮助管理者更好地理解备选方案的经济效益和风险特征，从而作出具有科学依据的决策。

（四）选择最优方案

在进行短期经营决策时，我们的目标是选择最优方案，以实现企业利润的最大化。最优方案是指在可行的备选方案中，具有最佳经济效益和资源利用的方案。

在选择最优方案时，一个常用的标准是以企业利润最大化为目标。这意味着我们需要评估每个备选方案的预期利润水平，考虑到销售收入、成本结构、市场需求等因素，并选择能够实现最高利润的方案。

另外，当不同方案涉及相同的固定成本时，边际贡献最大化也可以成为选择最优方案的指导原则。边际贡献是指每个单位产品销售所带来的贡献，即销售价格减去可变成本。通过比较备选方案的边际贡献，我们可以选择具有最高边际贡献的方案，从而最大化利润。

在选择最优方案时，还需要考虑其他因素，如风险管理和资源利用。不同的方案可能存在不同的风险特征，包括市场风险、竞争风险、供应链风险等。管理者需要综合评估这些风险，并选择能够在风险控制范围内实现最佳经济效益的方案。

此外，最优方案的选择也应符合企业的长期战略目标。短期决策虽然以利润最大化为目标，但也要考虑其对企业长期发展的影响。管理者需要确保所选择的最优方案与企业的长期战略目标相一致，促进企业的可持续增长和竞争优势。

因此，在选择最优方案时，管理者需要综合考虑经济效益、风险管理、资源利用以及长期战略目标等多个因素。通过科学的分析和评估，可以找到在当前条件下最适合的方案，并为企业的短期经营决策提供最佳的解决方案。

（五）其他因素

除了追求短期利润最大化，企业决策还需要考虑其他重要因素，以确保决策的全面性和长期可持续性。这些因素与企业的长期战略目标和整体经营环境密切相关。

一个重要的考虑因素是企业的长期战略目标。企业需要确保所作的短期决策与长期战略目标相一致，并为其实现提供支持。这意味着管理者在选择最优方案时应该考虑方案对企业未来增长、市场地位、品牌价值等方面的影响。决策方案应该能够为企业在长期内保持竞争优势和可持续发展提供支持。

另一个重要的考虑因素是市场和竞争环境。企业的决策需要考虑当前的市场需求、竞争对手的行动以及潜在的市场变化。例如，如果市场需求下降或竞争加剧，管理者可能需要调整定价策略、促销活动或产品组合，以适应市场变化并保持竞争力。

此外，企业决策还需要考虑风险管理和风险承受能力。不同决策方案可能存在不同的风险和不确定性。管理者需要评估方案的风险特征，并确定企业可以承受和管理的风险水平。这有助于确保决策方案在风险控制的范围内，并减少潜在的不利影响。

还有一些其他因素可能包括可持续性和社会责任。企业在作出决策时，应考虑其对环境和社会的影响，并采取可持续发展的行动。这可能涉及选择可持续的供应链、推动环保倡议、关注员工福利等。这些因素对于企业的声誉和长期发展至关重要。

综上所述，企业的决策不仅仅局限于短期利润最大化，还需要考虑长期战略目标、市场竞争环境、风险管理、可持续性和社会责任等多个因素。管理者需要全面评估这些因素，并将其纳入决策过程，以制订出符合企业整体利益的最佳决策方案。

二、短期经营决策前提与影响因素

（一）短期经营决策的前提

在进行企业的短期经营决策时，我们需要建立一定的前提条件和成本分类体系。完全成本法是一种常用的成本分类方法，它将成本分为生产成本和非生产成本。

在短期经营决策中，我们以变动成本法为前提进行分析。变动成本法将成本按性态划分为变动成本和固定成本。变动成本是随着产量或销售量的变化而发生变化的成本，例如原材料成本、直接人工成本和直接变动费用等。固定成本是不随产量或销售量的变化而变动的成本，例如租金、固定薪资和折旧费用等。

基于变动成本法的前提，我们可以利用本量利分析方法来评估不同决策方案的经济效益。本量利分析是一种定量分析方法，用于比较不同产量或销售量水平下的利润变化。它可以帮助管理者理解企业在不同决策方案下的成本结构、收入水平和盈利能力，从而支持短期经营决策的制定。

（二）短期经营决策的影响因素

相关成本是指与特定决策相关的成本。在评估不同决策方案时，我们关注的是与该决策直接相关的成本。相关成本必须是未来发生的成本，并且不同方案之间存在差异。通过考虑相关成本，我们可以更准确地评估不同决策方案的经济效益和成本影响。

机会成本是指当资源存在多种用途时，被放弃方案所具有的最大收益。当我们选择一种决策方案时，我们必须放弃其他可行的方案，这样就会面临机会成本。机会成本是一个重要的考虑因素，因为它反映了资源配置的代价和机会损失。

可避免成本是指如果选择某个方案可以避免或消除的成本。在比较不同决策方案时，我们要考虑可避免成本的影响。可避免成本构成了不同方案之间的增量成本，因此也属于相关成本的范畴。

总之，在进行短期经营决策时，我们需要考虑相关成本、机会成本和可避免成本等因素。通过细致的成本分析和比较，我们可以更好地评估不同决策方案的经济效益，为企业的短期经营决策提供科学依据。

三、短期经营决策的实际应用

（一）特别订单

在进行短期经营决策时，企业经常面临是否接受特别订单的选择。特别订单是指与常规经营活动不同的、数量有限的产品或服务订单。在作出决策之前，企业需要对特别订单进行评估，以确定其是否具有盈利潜力。

当企业评估盈利性并考虑产能利用情况时，可以决定接受还是拒绝特别订单。企业首先需要了解自身的产能状况，即当前生产或服务能力是否存在闲置或过剩。如果企业的产能过剩，即存在能够满足特别订单需求的闲置资源，那么接受该订单可能是有利可图的。

接下来，企业需要对与特别订单相关的成本进行分析。这些成本包括与订单生产或服务直接相关的变动成本，以及因接受该订单导致的额外固定成本。额外固定成本是由于接受特别订单而产生的固定成本增加，例如额外的设备使用费用或人员培训成本。通过将这些成本与订单价格进行比较，可以确定特别订单是否能够实现盈利。

当产能过剩时，如果与特别订单相关的变动成本和额外固定成本之和大于订单价格，那么该订单具有盈利潜力。这意味着通过接受特别订单，企业能够覆盖订单相关的成本，并获得额外的利润。然而，当企业已经处于满负荷运营状态时，即已经达到最大产能利用水平，那么企业将需要以正常销售价格来接受特别订单，以确保利润最大化。

特别订单的接受与否不仅取决于经济利益，还需要考虑其他因素，如订单的战略重要性、客户关系的维护、市场份额的扩大等。通过综合考虑盈利性和战略因素，企业可以作出明智的特别订单决策，以实现短期经营目标和长期发展战略的平衡。

（二）自制或外购的决策

在短期经营决策中，企业常常需要面临自制产品还是外购产品的选择。这个决策涉及对内部制造相关成本和外部购买成本进行综合比较，并考虑机会成本和定性因素。

第一，企业需要对自制产品的相关成本进行评估。这些成本包括原材料成本、人工成本、设备折旧和维护成本等。自制产品通常需要投入大量资源，包括生产设施、技术和人力资源等。因此，企业需要考虑这些内部制造相关成本，并确定它们对总成本的影响。

第二，企业需要评估外部购买产品的成本。这包括采购成本、运输成本和管理成本等。外部购买产品可以减少企业的生产投入和管理成本，并提供更灵活的供应链解决方案。然而，外部购买产品也可能面临一些风险，如供应不稳定、质量控制困难等。

第三，在进行自制和外购决策时，企业还需要考虑机会成本。机会成本是指当选择一种方案时，放弃其他可行选择所带来的成本。在自制产品的情况下，企业将失去购买产品的机会，而承担这些机会成本。因此，企业需要权衡自制和外购的机会成本，并综合考虑其对经营决策的影响。

第四，定性因素也需要在自制和外购之间进行综合考虑。这包括质量控制、供应链可靠性、技术保密性和核心竞争力等因素。自制产品可能使企业能够更好地控制产品质量和技术细节，同时提高企业的核心竞争力。然而，外购产品可能提供更先进的技术和更高的供应链可靠性，从而减少企业的风险和投资。

综合考虑内部制造相关成本、外部购买成本、机会成本和定性因素，企业可以作出自制还是外购的决策。这需要对企业的资源、能力和战略目标有清晰的了解，并与供应链管理和成本效益分析相结合，以实现最佳的短期经营决策结果。

（三）销售或进一步加工的决策

在短期经营决策中，企业可能面临销售产品还是进一步加工产品的选择。这种情况通常涉及联合产品的生产，即通过单一共同投入生产出多种产品，并考虑是否对其中某些产品进行进一步加工以提高其功能和价值。

当企业生产出联合产品时，这些产品可能具有不同的特征和功能，且存在不同的市场需求。进一步加工联合产品可以改变其特征和功能，从而提高其售价和市场竞争力。然而，进一步加工也会产生额外的加工成本，并可能对原始产品的供应和市场定位产生影响。

为了作出销售还是进一步加工的决策，企业需要进行一系列分析和比较。首先，企业需要确定每种产品在分离点的售价。分离点是指在联合产品生产过程中，各个产品可以分开计算成本和售价的点。然后，企业可以对进一步加工后的产品确定最终售价，并计算增量收入。

接下来，企业需要比较增量收入与增量成本。增量收入是指进一步加工产品带来的额外收入，即进一步加工产品的售价与原始产品的分离点售价之间的差异。增量成本是指由于进一步加工而产生的额外成本，包括加工费用、材料成本和人工成本等。

通过比较增量收入和增量成本，企业可以判断进一步加工是否具有经济利益。如果增量收入大于增量成本，那么进一步加工将带来额外的利润，并提高产品的市场价值。如果增量收入小于增量成本，那么在加工前出售产品可能更为合适，以避免额外的加工成本并确保利润最大化。

需要注意的是，在销售还是进一步加工的决策过程中，企业通常不考虑联合产品的共同成本，因为这些成本被视为沉没成本，无论选择销售还是进一步加工，它们都不会发生变化。

综合考虑产品市场需求、进一步加工的经济效益、增量收入和增量成本，企业可以作出销售还是进一步加工的决策，以实现短期经营目标和最大化利润。这需要企业对市场趋势和竞争环境有准确的了解，以及对产品特性、加工能力和市场定位等因素进行综合分析和权衡。

（四）限制因素

在短期经营决策中，企业常常面临某些限制因素，这些因素对企业的生产能力和决策选择产生决定性影响。限制因素可以是各种资源或能力的有限性，如有限的人工工时、有限的原材料供应、有限的设备容量等。

当企业的生产能力受到某个限制因素的制约时，其目标应该是最大化每单位限制因素的边际贡献。边际贡献是指每个单位产品销售所带来的净利润，它表示了产品对企业利润的贡献程度。通过最大化每单位限制因素的边际贡献，企业可以在限制条件下实现最优的利润。

例如，如果企业面临有限的人工工时，那么在决策过程中需要考虑每个产品所需的工时和其边际贡献。企业应优先选择那些边际贡献高、工时需求低的产品，以充分利用有限的人工工时，并实现最大化的利润。类似地，如果企业面临有限的原材料供应，那么在决策过程中需要考虑每个产品所需的原材料数量和其边际贡献，以优化原材料的利用和利润的最大化。

限制因素决策还需要考虑其他因素，如产品的市场需求、竞争环境、成本结构和企业的长期战略目标。企业需要在满足限制因素的前提下，综合考虑这些因素，作出最佳的决策。这可能涉及产品组合的调整、产能的扩充、原材料的替代或供应链的优化等措施，以实现限制因素下的最大利润。

在限制因素决策中，企业需要进行准确的数据分析、成本效益评估和风险管理。通过深入了解限制因素的性质和影响，以及不同决策选择的结果，企业可以制定出针对特定限制因素的短期内最优的经营决策。

第三章　企业长期投资决策及其方法选择

第一节　企业长期投资决策基础

一、长期投资决策的含义

“在市场与经济快速发展的大背景下，各个企业之间竞争激烈。想要在市场中稳住脚步，必须要进行多向投资。企业的长期投资是一种非常普遍的经济投资行为。”[①]长期投资是指投入资金量大，获取报酬的持续时间长，能在较长时间内影响企业获利能力的投资。与长期投资项目有关的决策叫作长期投资决策。广义的长期投资包括固定资产投资、无形资产投资和长期证券投资等。狭义的长期投资特指固定资产投资。固定资产投资在长期投资中所占比例较大，因此此处主要论述狭义的长期投资决策。长期投资决策的具体步骤为：明确投资目标，提出备选方案，选择最优方案，实施投资计划，考核投资效果。

二、长期投资决策的类型

根据投资标的物的不同，长期投资决策分为固定资产投资决策和有价证券投资决策。

固定资产投资决策又称直接投资决策，是直接投资于产品生产过程，通过增加固定资产数量或提高固定资产效率，从而扩大生产能力的投资决策。如固定资产的新建、扩建和改建，资源的开发和新产品的研发等方面的支出。管理会计涉及的投资决策通常是指此类决策。

有价证券投资决策又称间接投资决策，是指间接投资于产品生产过程，通过长期持有其他公司发行的债券或股票，从而间接对发行债券或股票的企业进行控制和影响的投资决策。

三、长期投资决策的特征

与短期经营决策相比，长期投资决策的特征具体表现在两点：①它涉

① 刘佳鑫．企业长期投资决策与探析[J]．全国流通经济，2019（37）：84-85.

及企业生产（或服务）能力的变动，而短期经营决策一般不涉及生产能力的变动。②由于长期投资一般数额巨大，而其效益往往要经历较长时期才能实现，因此，决策的结果对企业有着较长时间的影响，一般在一年以上。而短期经营决策的结果对企业的影响时间较短，一般在一年（或一个营业周期）以内。

四、长期投资决策的程序

（一）项目规划

项目规划是指根据市场情况和企业自身发展的需要，提出项目建设的构想和规划。它是一个系统性的过程，旨在确定项目的目标、范围、时间、成本、资源需求和风险等关键要素，为项目的实施和管理提供指导。

在项目规划阶段，企业需要进行以下八项工作。

第一，目标确定。明确项目的目标和预期成果，确保项目与企业的战略目标和市场需求相一致。

第二，可行性分析。对项目进行可行性评估，包括市场可行性、技术可行性、财务可行性等方面的分析，以确定项目的可行性和潜在风险。

第三，范围定义。明确项目的范围和界限，确定项目的主要任务、交付物以及关键的阶段和里程碑。

第四，时间计划。制订项目的时间计划，确定项目的起止时间、关键活动和交付日期，以确保项目按时完成。

第五，成本估算。对项目的成本进行估算和预算，包括投资费用、运营费用、人力资源成本等，以确保项目在预算范围内进行。

第六，资源分配。确定项目所需的人力资源、物质资源和技术支持等，以确保项目所需资源的有效配置和管理。

第七，风险管理。识别和评估项目可能面临的风险，并制订相应的风险应对策略和计划，以降低项目风险对实施的影响。

第八，沟通和合作。建立良好的沟通渠道和合作关系，确保项目各方之间的有效沟通和协作，促进项目的顺利实施。

（二）编制项目建议书

编制项目建议书是对项目建设的必要性以及在技术、财务和经济等方面的可行性进行初步分析的过程。它是项目管理中的关键步骤。通过该建议书，可以对项目进行初步决策，并按照管理权限报批，列入各级前期工作计划。

（三）编制可行性研究报告与设计任务书

编制可行性研究报告与设计任务书就是对项目建议书已批准并已列入前期工作计划的项目，由上级部门、企业单位委托设计或咨询单位按规定进行可行性研究，具体研究分析项目的产品市场和产供销情况，以及地点、技术设计方案、财务、经济效益等，编出可行性研究报告与设计任务书。

（四）确立项目

可行性研究报告与设计任务书应按管理权限报经有关部门批准，对项目作出最后决策。

以上程序是对基建项目的要求。至于更新改造项目，大中型的，应比照基建项目办理；小型的，则可根据具体情况简化程序。会计人员参与长期投资决策，其重点在于进行可行性研究报告的财务、经济效益分析。

五、长期投资决策的影响因素

现金净流量、货币时间价值和资本成本是影响长期投资决策的重要因素。进行长期投资决策时，一是要预测各方案的现金流入量和现金流出量，估算每年的现金净流量；二是要考虑货币时间价值；三是要计算为取得长期投资所需资金所付出的代价，即资本成本。

（一）货币时间价值

1．货币时间价值的概念

货币时间价值是指货币经过一定时间的投资和再投资后所增加的价值。

经济生活中，人们往往会发现，今天的 1 元与 1 年后的 1 元，其价值并不相同。这除了通货膨胀和风险因素的影响外，还有“时间”因素的作用。商品经济中，投资离不开资金（货币），投资者所拥有的货币往往不足以投资，因此只能去借款。货币拥有者不会免费把资金提供给别人使用，他们要求投资者在使用其货币的同时必须支付一定报酬。这就是 100 元存入银行，1 年后可得到 110 元的原因（假定银行年利率为 10%）。也可以说，100 元经过 1 年的投资，增长到 110 元，这多出来的 10 元就是货币的时间价值，也叫资金的时间价值。在财务管理领域，人们习惯用相对数字来表示货币时间价值，即用所增长的价值占原价值的百分数来表示。上述举例中的货币时间价值即为 10%。如果将这 110 元再次存入银行继续投资，它仍旧会以 10%的比例递增。如此循环反复，货币价值将随着时间的延续，以几何级数的方式不断增长。

从量上说货币时间价值等于没有通货膨胀和风险条件下的社会平均资本利润率。在日常生活中，由于政府债券的风险很小（接近于零），因此，当通货膨胀率很低时，人们为方便起见，习惯于将政府债券利率视同为货币时间价值。

货币时间价值是投资决策中评价投资方案的基本标准，只有当投资报酬率高于货币时间价值时，该项目才可能被接受，否则就必须放弃此项目。因为投资者投资的目的是使投资增值，这必然要求投资报酬率高于社会平均资本利润率，否则不如把资金钱存入银行或购买国债，以取得社会平均资本利润率。

2. 货币时间价值的计算

货币时间价值体现为资金的终值和现值之间的差额，具体计算一般涉及两个概念：第一，现值（P）又称本金，是指资金现在的价值；第二，终值（F）又称本利和，是指资金经过若干时期后包括本金和时间价值在内的未来价值。具体分为单利终值与现值、复利终值与现值、年金终值与现值。

（1）计息方式。

第一，单利计息。单利计息是只对初始本金计算利息的一种计息方式。单利计息时，利息的计算公式为：

$$I = P \times i \times n \tag{3-1}$$

式中：I——到期利息；

P——本金；

i——利率；

n——期数。

第二，复利计息。复利计息是对初始本金计息的同时也对此前产生的利息进行计息的一种计息方式。每经过一个计息期，要将所产生的利息加入本金再计利息，逐期滚算，俗称“利滚利”。在复利计息的情况下，每期的计息基础是不断增加的。

复利计息同单利计息相比，计算过程更复杂，计算难度更大，它不但考虑了初始资金时间价值，还考虑了初始资金产生的利息的时间价值，能更好地诠释货币时间价值。因此，长期投资决策中货币时间价值的计算一般都采用复利计息方式。

（2）复利终值与复利现值。

第一，复利终值。复利终值是在某一特定时点上一次性存入银行一笔资金，经过一段时间后得到的本利和，记作 F。该特定时点上的本金称为复利现值，记作 P。已知现值 P、利率 i，求 n 期后的终值 F 时，复利终值可按下式计算：

$$复利终值（F）=复利现值\times（1+利率）^{期数}=P\times(1+i)^{n} \quad (3-2)$$

式中，$(1+i)^{n}$ 称为复利终值系数或 1 元的复利终值，用（$F/P, i, n$）表示。

第二，复利现值。复利现值是指未来一定时间的特定资金按复利计算的现在价值，或者说是为了取得将来一定的本利和，现在所需要投入的本金，记作 P。

根据复利终值的计算公式可推出：

$$P=F\times\frac{1}{(1+i)^{n}} \quad (3-3)$$

（3）年金的计算。年金又称等额系列款项，是系列收付款项的特殊形式，是指在一定时期内，每隔相同时间（如一年）就发生相同数额的系列收付款项，表示为 A。例如，分期付款赊购、分期偿还贷款、发放养老金、分期支付工程款、每年相同的销售收入等都属于年金收付形式。年金一般应同时满足两个条件：一是连续性，即在一定期间内每隔一段时间必须发生一次收（付）款业务，形成系列款项，不得中断；二是等额性，即各期发生的款项必须在数额上相等。

年金包括普通年金、预付年金、递延年金和永续年金等。其中，普通年金的应用最为广泛，其他几种年金均可在普通年金的基础上推算出来。

第一，普通年金。普通年金（又称后付年金）是指各期期末收付的年金。

第二，预付年金。预付年金是指在每期期初支付的年金，又称即付年金或先付年金。

第三，递延年金。递延年金是指在最初若干期没有收付款项的情况下，后面若干期等额的系列收付款项。

第四，永续年金。永续年金通常指无限期支付的年金。例如，优先股股利的支付是固定的，而且无到期日，可以看作是永续年金。

永续年金的计算公式为

$$P = A \times \frac{1-(1+i)^{-n}}{i} \tag{3-4}$$

n趋于∞。当n趋向于∞时，$(1+i)^{-n}$的极限为0，故上式可写为：$P=\frac{A}{i}$。

3．名义利率与实际利率

利息率简称利率，是资金的增值同投入资金的价值比，也是衡量资金增值量的基本单位。利率分为实际利率和名义利率。当利息在 1 年内要复利多次时，给出的年利率称为名义利率。名义利率不能完全反映资金的时间价值，实际利率才真正反映资金的时间价值。当计息周期为一年时，名义利率与实际利率相等；当计息周期短于一年时，实际利率大于名义利率。名义利率越大、计息周期越短，实际利率与名义利率的差异就越大。

假设在一年中计算利息M次，实际利率i与名义利率r的关系可表达为：

$$1+i=\left(1+\frac{r}{M}\right)^{M} \tag{3-5}$$

（二）投资项目现金流量的估计

1．投资项目现金流量的构成

项目产生的税后增量现金流量是相关现金流量。一般来说，项目现金流量分为三部分：项目初始现金流量、项目寿命期内现金流量和项目寿命期末现金流量。

（1）项目初始现金流量。项目初始现金流量主要涉及购买资产和保障正常运行所必需的直接现金流出，包括设备购置及安装支出、垫支营运资本等支出，还可能包括机会成本。

（2）项目寿命期内现金流量。项目寿命期内现金流量主要包括新项目实施所带来的税后增量现金流入和流出。行政管理人员及辅助生产部门等所产生的费用如果不受新项目实施的影响，可不计入项目寿命期内的现金流出（若有关则必须计入）。由于折现率已包含筹资成本，因此项目债务融资的利息支付和本金偿还、股权融资的现金股利支付等均不作为现金流出。

（3）项目寿命期末现金流量。项目寿命期末现金流量，主要是与项目终止有关的现金流量，如设备变现税后净现金流入、收回营运资本现金流入等，可能涉及弃置义务等现金流出。

2. 投资项目现金流量的影响因素

投资项目每年产生的现金净流量会涉及很多变量，需要企业有关部门的参与。例如，销售部门负责预测售价和销售量，涉及产品价格弹性、广告效果、竞争者动向等；产品开发和技术部门负责估计投资项目的长期资产总投资，涉及研制费用、设备购置、厂房建筑等；生产和成本部门负责估计制造成本，涉及原材料采购价格、生产工艺安排、产品成本等。财务人员需要为销售、生产等部门的预测建立共同的基本假设条件，如物价水平折现率、可供资源的限制条件等；协调预测工作的各部门人员；防止预测者高估或低估收入和成本。

投资项目相关的现金流量确定应遵循基本原则：只有增量现金流量才是与项目相关的现金流量。增量现金流量，是指接受或拒绝某个投资方案后，企业总现金流量因此发生的变动。只有那些由于采纳某个项目引起的现金支出增加额，才是该项目的现金流出；只有那些由于采纳某个项目引起的现金流入增加额，才是该项目的现金流入。判断引起投资项目现金流量变动的项目，需要注意以下四个问题。

（1）区分相关成本和非相关成本。相关成本是指与特定决策有关的、在分析评价时必须考虑的成本，如差额成本、未来成本、重置成本、机会成本等。与特定决策无关的、在分析评价时不必考虑的成本是非相关成本，如沉没成本、过去成本、账面成本等。

（2）不要忽视机会成本。在投资项目的选择中，如果选择了一个投资项目，则必须放弃投资其他项目的机会，其他投资机会可能取得的收益是实行本项目的一种代价，被称为这项投资项目的机会成本。机会成本不是通常意义上的“成本”，它不是一种支出或费用，而是失去的收益。这种收益不是实际发生的，而是潜在的。机会成本总是针对具体项目，离开被放弃的项目就无法确定。

（3）要考虑投资项目对公司其他项目的影响。当采纳一个新项目后，该项目可能对公司的其他项目造成有利或不利的影响。事实上，这些影响很难准确计量，但是决策者在进行投资分析时仍要考虑项目间的交叉影响。项目之间可能是竞争关系，也可能是互补关系。若新项目的产品上市后，原有其他产品的销售量可能减少，则公司销售额也许不增加甚至减少。在投资分析时，不应只将新车间的销售收入作为增量收入，而应扣除其他项目因此减少的销售收入。当然，新产品上市后也可能促进其他项目销售额的增长。例如，某手机品牌推出的新款手机可能会影响其旧款手机的销量。

（4）对营运资本的影响。一般情况下，新项目的实施，一方面，必须筹措新的资金来满足存货和应收账款等经营性流动资产的新需求，增加营运资金的需要；另一方面，公司应增加应付账款与部分应付费用等经营性流动负债，降低营运资金的需要。增加的经营性流动资产与增加的经营性流动负债之间的差额，构成了营运资本的净需要。

在投资决策分析时，通常假定开始投资时筹措的营运资本在项目结束时收回，与项目有关的存货出售，应收账款变为现金，应付账款和应付费用也随之偿付。

（三）资本成本和要求报酬率

1. 资本成本

资本成本是指企业为筹措和使用资金必须支付的各种费用，在企业筹资决策、投资决策中具有重要的作用。

（1）资本成本的内容。资本成本的内容包括用资费用和筹资费用。

第一，用资费用是指企业在使用资金中支付的费用，如股利、利息等，其金额与使用资金的数额多少及时间长短成正比，是资本成本的主要内容。

第二，筹资费用是指企业在筹集资金时支付的费用，如借款手续费、证券发行费等，其金额与资金筹措方式有关，而与使用资金的数额多少及时间长短无关。

由于筹资费用的存在，企业实际筹资额等于计划筹资额减筹资费用，因此，企业资金使用的实际代价高于名义代价。如果不考虑所得税因素，资本成本应按下列公式计算：

$$资本成本=每年的用资费用/（筹资金额-筹资费用） \quad (3\text{-}6)$$

（2）资本成本的计算。

第一，个别资本成本的计算。个别资本成本是各种长期资本的使用成本，在数额上等于每种长期资本的年实际占用费与其筹资净额的比值，即

$$K=\frac{D}{P-f}\text{或}K=\frac{D}{P(1-F)} \tag{3-7}$$

式中：K——资本成本率；

D——资本年实际占用费；

P——资本的筹资总额；

f——资本筹集费；

F——筹资费率，$F=f/P$。

第二，综合资本成本的计算。筹资方式往往不是单一的，企业总的资本成本应是各类资本成本的综合，称为综合资本成本。综合资本成本是以各类资本在全部资本中所占的比重为权数，对各类资本成本进行加权平均后得到的，其计算公式为：

$$K_w=\sum_{j=1}^{n}K_jW_j \tag{3-8}$$

式中：K_w——综合资本成本；

K_j——第 j 类个别资本成本；

W_j——第 j 类个别资本占全部资本的比重。

在计算综合资本成本时，最关键的问题是如何确定各类资本成本的权数。资本成本权数的确定通常有三种方法：账面价值权数法、市场价值权数法和目标价值权数法。

账面价值权数法的优点是资料容易取得，但是由于资本的账面价值常常与市场价值差别较大，特别是股票、债券等市场价格变动较大，如果用账面价值作为权数进行计算，其结果将会与实际有很大的差别。

市场价值权数法以股票、债券的市场价格为基础，确认各类资本的权数，计算的综合资本成本与实际较为接近。由于股票、债券的市场价格变动频繁，因此有时也采用市场平均价格作为确认权数的基础。

账面价值权数法和市场价值权数法计算权数的基础是资本过去或现在的价值，有时为了反映企业将来预期的资本结构，也可以采用股票、债券未来预计的目标市场价值计算权数，这种确定权数的方法就叫作目标价值

权数法。

2. 要求报酬率

要求报酬率是指企业期望投资项目获取的最低报酬率。长期投资决策中，资本成本是评价投资项目效益、取舍投资项目的标准。投资者筹集资本需要支付成本，取得的资本用于项目以后，要求项目投资报酬率至少应能补偿所支付的资本成本。只有获得的投资报酬率大于或等于付出的资本成本，投资者才愿意投资，资本成本是投资项目能否接受的最低报酬率。

一般来说，企业长期投资的资本可能有多种渠道来源，因此，要计算资本的加权平均成本。资本的加权平均成本是指以单项筹资资本成本为基础，以各类资本所占比例为权数，其计算公式如下：

$$K=\sum_{i=1}^{n}K_iW_i \tag{3-9}$$

式中：K——加权平均资本成本；

W_i——第 i 种资本来源所占比重；

K_i——第 i 种资本来源筹资成本。

（四）投资的风险

1. 投资的风险价值及其表现形式

风险是用于描述某项活动的未来后果为多种可能随机变量的概念。风险只对未来事件有意义，已经发生的事件只有确定的一种后果，没有风险问题。长期投资决策是面向未来的，投资项目的未来存在不确定性，发生结果具有多种可能性，因此具有风险。风险的大小与未来事件持续的时间长短同方向变动。时间越长，不确定因素越多，风险就越大。

长期投资决策需要考虑的因素较多。风险具有双重性，既有蒙受损失发生危险的一面，又有获得成功取得较高收益的一面。风险越大，人们就越不愿意接受，所要求的报酬率就越高。最终，高风险的项目必须有高报酬，否则就没有人投资；低报酬的项目必须风险很低，否则也没有人投资。风险和报酬的这种关系，是市场竞争的结果，其计算公式为：期望投资报酬率＝无风险报酬率＋风险报酬率。式中，无风险报酬率指最低的社会平均报酬率；风险报酬率是指投资者由于冒风险进行投资活动，而应当获得的超过正常报酬水平的额外收益。假设风险和风险报酬率成正比，则：风险报酬率＝风险报酬斜率×风险程度。式中，风险程度用标准差或标准离差率（又称变异系数）等计量；风险报酬斜率取决于全体投资者的风险回避态度，可以通过统计方法来测定。如果大家都愿意冒险，风险报酬斜率就小，风险溢价较小；如果大家都不愿意冒险，风险报酬斜率就大，风险溢价就大。

2．投资风险价值的计算程序

（1）在事先测算投资项目未来各种情况预计年收益的基础上，以各种情况下相应的客观或主观概率为权数，计算未来收益的数学期望值。公式为：

$$\text{未来收益的数学期望值}(E)=\sum \text{某种情况下的预计年收益}\times\text{该种情况出现的概率} \tag{3-10}$$

（2）计算标准离差和标准离差率。公式为：

$$(d)=\sqrt{\sum\left[(\text{某种情况下的预计年收益}-\text{未来收益的数学期望值})^2\times\text{该情况出现的概率}\right]} \tag{3-11a}$$

$$\text{标准离差率}(q)=\text{标准离差}/\text{未来收益的数学期望值} \tag{3-11b}$$

某投资项目的标准离差是反映其风险程度的绝对数指标，而标准离差率则为其风险程度的相对数指标。这两项指标越小，意味着投资项目未来收益偏离期望值的幅度越小，即未来收益更确定，该投资项目的风险程度较低；反之，则表示未来收益不太确定，风险程度较高。对于不同的投资项目，通常根据各项目标准离差率的大小进行分析、比较，以标准离差率最小者为最优项目。

3．投资项目的风险分析

实际工作中，投资活动充满不确定性。如果决策面临的不确定性比较小，一般可忽略不确定性的影响，进而把决策视为确定情况下的决策。如果决策面临的不确定性和风险比较大，足以影响方案的选择，就应对它们进行计量，并在决策过程中加以考虑。

投资风险分析最常用的方法是风险调整贴现率法，其基本思想是对高风险的项目要采用较高的贴现率，并根据风险大小确定风险因素的贴现率，即风险调整贴现率。其计算公式为：

$$K = i + bQ \tag{3-12}$$

式中：K——风险调整贴现率；

i——无风险调整贴现率；

b——风险报酬斜率；

Q——风险程度。

风险报酬斜率是直线方程 $K = i + bQ$ 的系数 b，其高低反映风险程度变化对风险调整最低报酬率的影响大小。b 值是经验数据，根据历史资料用高低点法或直线回归线法求出。

第二节　企业长期投资决策的基本方法

“企业投资决策是基于企业自身经营管理内部环境及市场反馈等外部环境所进行的企业行为，长期投资决策往往更能够综合反映企业的整体经营理念及特征。对企业长期投资决策特征、趋势、效率等的研究能够为优化企业投资有效率提供理论依据。”①

一、长期投资决策分析的主要经济评价指标

（一）静态指标

静态指标是指在计算中不考虑货币时间价值的影响，直接按照投资项目形成的现金流量或净利润进行计算的指标。这些指标提供了对投资项目的静态评估，主要包括投资利润率和投资回收期（静态）等。

1．投资利润率

投资利润率是衡量投资项目盈利能力的指标，它反映了每单位投资所带来的净利润。该指标可以帮助评估投资项目的盈利水平和回报潜力。较高的投资利润率意味着项目的盈利能力更强。

2．投资回收期（静态）

投资回收期是指将投资项目的投资金额与其净现金流量或净利润进行对比，计算出投资回收期所需要的时间。投资回收期表示从项目开始投资

① 王茜．浅析企业长期投资决策问题及对策[J]．商情，2018（4）：117-118．

到收回全部投资所需的时间。一般而言，投资回收期越短，项目的回本速度越快。计算投资回收期时，只考虑项目现金流量或净利润，并不考虑货币时间价值的影响。

静态指标的优点是简单直观，易于计算和理解。它们提供了对投资项目盈利能力和回收速度的初步评估。在实际决策中，通常会结合动态指标和其他财务指标综合考虑，以更全面地评估投资项目的价值和回报。

（二）动态指标

动态指标是对投资项目形成的现金流量按照货币时间价值进行统一换算后进行计算的各项指标。这些指标考虑了资金的时间价值，更全面地评估投资项目的价值和回报。主要的动态指标包括投资回收期（动态）、净现值、净现值率、内部收益率和外部收益率等。

1．投资回收期（动态）

投资回收期（动态）是考虑了货币时间价值的投资回收期指标。它表示从项目开始投资到回收全部投资并获得预期现金流量所需要的时间。在计算投资回收期（动态）时，需要将现金流量进行贴现，以反映资金的时间价值。

2．净现值

净现值是衡量投资项目价值的指标，它考虑了现金流量的时间价值。净现值是将项目未来现金流量按照折现率折算到当前时点后，减去投资成本所得到的净额。如果净现值为正，则表示项目创造了正向的经济价值。

3．净现值率

净现值率是净现值与投资成本之比，表示每单位投资创造的净现金流量的价值。净现值率越高，意味着每单位投资创造的净现金流量越多，投资回报越高。

4．内部收益率

内部收益率是指使净现值等于零时的折现率。它表示项目的收益率，即项目实际获得的回报率。如果项目的内部收益率大于折现率，则表示项目具有正向的经济收益。

5．外部收益率

外部收益率是指项目的收益率与外部借款利率之间的差异。它衡量了项目相对于外部借款成本的优势或劣势。如果外部收益率大于零，则表示项目的收益率高于外部借款利率，具有经济吸引力。

在项目决策中，通常对动态指标以及其他相关因素进行综合分析和比较，以选择最有利的投资项目。

二、静态指标的计算方法

（一）年平均投资报酬率法

年平均投资报酬率是指平均每年的现金净流量或净利润与投资总额的比率。这个指标是正指标，该指标越高，说明投资方案的获利能力越强。计算公式为：

$$年平均投资报酬率=\frac{年均现金净流量}{投资总额}\times100\% \tag{3-13}$$

或：

$$年平均投资报酬率=\frac{年均利润}{投资总额}\times100\% \tag{3-14}$$

从上面的公式可以看出，公式中的分子可以用净利润指标，也可以用现金净流量指标。用净利润指标作为分子，是只把净利润作为投资的报酬，这符合传统会计观念。用现金净流量作为分子，是把利润、折旧等均作为投资的报酬，因为折旧是固定资产投资的回收额，也可看作投资的报酬。分母中的投资总额包括固定资产投资、流动资金投资及资本化利息。

在采用年平均投资报酬率法进行决策分析时，首先要确定企业所希望达到的期望投资报酬率，然后计算投资方案的年平均投资报酬率，如果投资方案的年平均投资报酬率达到或超过期望投资报酬率，则该方案可行；反之，则不可行。在多方案决策时，如果有两个或两个以上方案的年平均投资报酬率超过了期望投资报酬率，则应选择投资报酬率最高的方案。

（二）非贴现的回收期法

回收期是指收回原始投资额所需要的时间，也就是用每年现金净流量抵偿原始投资额所需要的全部时间。非贴现的回收期就是不考虑货币时间价值的回收期。投资回收期有两种形式：①包括建设期的投资回收期；②不包括建设期的投资回收期。一般来说，备选方案的回收期越短越好。

运用回收期法进行投资决策分析时，首先应计算备选方案的回收期，然后将备选方案的回收期与企业主观上既定的期望回收期相比较，若投资方案回收期小于期望回收期，则投资方案可行；若投资方案回收期大于期望回收期，则投资方案不可行。

如果有两个或两个以上的方案均可行且其他情况相当，应选择回收期较短的方案。确定非贴现的回收期可以采用公式法和列表法。

1. 公式法

如果某一项的投资均集中发生在建设期内，投产后一定期间内每年的现金净流量相等，且其合计大于或等于原始投资额，可按以下公式计算出不包括建设期的投资回收期：

$$\text{不包括建设期的投资回收期}=\frac{\text{原始投资额}}{\text{年相等的现金净流量}}$$

$$\text{包括建设期的投资回收期}=\text{不包括建设期的投资回收期}+\text{建设期} \tag{3-15}$$

2. 列表法

当生产经营期各年现金净流量不相等时，先计算累计现金净流量。当累计现金净流量为 0 时，此年限即为投资回收期。当无法直接找到累计现金净流量为 0 的时点时，可按下列公式计算包括建设期的投资回收期：

$$\text{包括建设期的投资回收期}=\text{最后一项为负值的累计现金净流量对应的年份数}+\frac{\text{最后一项为负值的累计现金净流量的绝对值}}{\text{下一年现金净流量}} \tag{3-16}$$

三、动态指标的计算方法

（一）贴现的回收期法

贴现的回收期是指按投资项目设定的折现率计算的生产经营期现金净流量现值补偿原始投资现值所需要的全部时间，也就是考虑货币时间价值的投资回收期。贴现的回收期法一般只计算包括建设期的投资回收期，方案是否可行的标准与非贴现的回收期法相同。

（二）净现值法

净现值是指投资方案生产经营期各年现金净流量的现值合计与原始投资额现值合计之间的差额。其计算公式为：

$$净现值=生产经营期各年现金净流量的现值合计-原始投资额的现值合计 \tag{3-17}$$

净现值是一个正指标，该指标越大，投资方案的经济效益越好；该指标越小，投资方案的经济效益越差。当净现值>0 时，投资方案能实现要求的报酬率，而且还有剩余；当净现值<0 时，投资方案不能实现要求的报酬率；当净现值=0 时，投资方案正好实现所要求的报酬率。

因此，只有当投资方案净现值≥0 时，投资方案才可以接受，否则，只能拒绝投资方案。当有两个或两个以上的投资方案的净现值均大于 0 时，若其他情况相当，应选择净现值较大的方案。

（三）获利能力指数法

获利能力指数是指投资方案生产经营期各年现金净流量的现值合计与原始投资额的现值合计之比。获利能力指数是相对数，是反映投资方案相对经济效益的指标。其计算公式如下：

$$获利能力指数=\frac{生产经营期各年现金净流量的现值合计}{原始投资额的现值合计} \tag{3-18}$$

将获利能力指数公式中的分子与分母相减，就是净现值。因此，上式中分子、分母的现值计算与净现值法的现值计算相同。

获利能力指数大于 1，投资方案能实现要求的报酬率，而且还有剩余；获利能力指数等于 1，投资方案正好实现要求的报酬率；获利能力指数小于 1，投资方案不能实现要求的报酬率。

采用获利能力指数法评价投资方案时，只有当获利能力指数大于或等于 1 时，投资方案才可行。当有两个或两个以上投资方案的获利能力指数均大于 1 时，在投资额相同的情况下，应选择获利能力指数较大的方案。

（四）内含报酬率法

内含报酬率是指投资方案实际能达到的报酬率，是生产经营期现金净流量的现值正好等于原始投资额的现值时求出的折现率，也就是使投资方案的净现值等于零时的折现率。

内含报酬率法的基本原理是：当一个投资方案的内含报酬率高于要求的报酬率时，在考虑货币时间价值的情况下，该方案实现预期报酬率后还会产生剩余的现金净流量，此时，该投资方案的净现值为正值；当内含报酬率低于要求的报酬率时，在考虑货币时间价值的情况下，该方案不能实现预期报酬率，此时，该投资方案的净现值为负值；当内含报酬率等于要求的报酬率时，正好实现预期报酬率，此时投资方案的净现值为零。

在采用内含报酬率法进行决策分析时，应根据标准进行决策：①当内含报酬率大于或等于要求的报酬率（或设定的折现率）时，方案可行；②当内含报酬率小于要求的报酬率（或设定的折现率）时，方案不可行。如果两个或两个以上的投资方案的内含报酬率均大于要求的报酬率（或设定的折现率），在原始投资额一定的情况下，应选取内含报酬率较高的方案。

1．根据年金现值公式求得内含报酬率

当投资方案的全部投资均于建设起点一次投入、建设期为零、生产经营期每年年末现金净流量均相等时，生产经营期各年现金净流量就是普通年金，原始投资额作为年金现值，能使净现值为零的折现率就是内含报酬率。在这种情况下，内含报酬率的计算步骤如下：

（1）计算年金现值系数。

$$\text{年金现值系数}=\frac{\text{原始投资额}}{\text{年现金净流量}} \tag{3-19}$$

（2）查年金现值系数表，若能直接查到上面所计算的年金现值系数，其对应的折现率即为内含报酬率；若不能直接查到对应的折现率，则查其相邻的两个年金现值系数，然后用插值法求得内含报酬率。

当生产经营期各年现金净流量不相等时，只能采取逐次测试的方法计算内含报酬率。

2．采用逐次测试的方法计算内含报酬率

内含报酬率是一个折现的相对量的正指标。内含报酬率反映了投资项目可能达到的报酬率，可以使长期投资决策分析方法更加精确，容易被决策人员理解。计算过程不受行业基准收益率高低的影响，比较客观。对于独立投资方案的决策，如果各投资方案原始投资额不同，可以通过计算各投资方案的内含报酬率，并与获利能力指数结合，反映各独立投资方案的获利水平。

（五）外部收益率

外部收益率是使一个投资方案原始投资额的终值与各年现金净流量按基准收益率或设定的折现率计算的终值之和相等时的收益率。它既是按统一的收益率计算各年现金净流量形成的终值，又可避免非常规方案的多个内部收益率问题，可弥补内部收益率指标的不足。

第三节　长期投资决策的方法选择与应用

项目投资决策按照时间维度可以分为长期投资决策与短期投资决策，短期投资决策主要对象是流动资产投资，即一年内可以收回的投资；而长期投资决策主要对象是长期有价证券投资、无形资产投资与固定资产投资，即一年内不能收回的投资。长期投资决策有其特点。有效确定长期投资决策可以扩大企业资本规模，强化企业风险识别、应对与防范能力。

一、贴现法及其应用

贴现法主要包含净现值法（NPV）、内含报酬率法（IRR）、获利指数法（PI）。首先，净现值法指将各期的现金流根据贴现系数推算至初始投资时的现金流，而流入与流出之差即为净现值。该方法与管理会计中本量利分析方法类似，仍然是对收支两条线的比较，只是在本量利分析法基础上增加了贴现值的计算。

内含报酬率法是一种基于投资方案本身报酬率的贴现法，该方法弥补了净现值法中只说明方案可行性、不考虑方案报酬率的不足，而此处内含报酬率实际上是指使投资方案 NPV 为零的贴现率。

在 IRR 方法下，最佳方案选择的条件是 IRR 大于内含报酬率。IRR 的计算较 NPV 计算方法更加复杂，其中涉及多次插值计算。值得注意的是，净现值法与内含报酬率法均涉及计算净现值，当净现值大于或等于 0 时，此方案可以考虑接受，否则不予接受。当现值系数大于 1 时，说明预期报酬率小于投资报酬率，现值系数越大，则证明该方案越可行。最后，获利指数法是基于初始投资额与方案未来报酬的比例关系，当该比例大于1时，即初始投资额大于方案未来报酬时，说明该方案不获利，反之获利。贴现法的最大价值在于考虑的时间价值因素对决策方案的影响，使投资决策方案更加科学化、规范化、合理化。

（一）净现值法在长期决策中的应用

1．投资回收期评估

除了计算净现值，净现值法还可以用来评估投资项目的回收期。回收期是指项目从投资开始到收回全部投资的时间。通过计算项目的净现值，并考虑每年的现金流量，可以确定项目的回收期。这有助于企业评估项目的风险和收益时间。

2．风险分析

净现值法还可以用于风险分析。通过进行敏感性分析和场景分析，可以评估不同的风险情景对项目净现值的影响。这有助于企业了解项目的风险承受能力，并在决策过程中考虑风险因素。

（二）获利指数法在长期决策中的应用

1．投资项目评估

获利指数法可用于比较和评估不同投资项目的相对价值。通过计算项目的获利指数，可以确定项目每单位投资所产生的净现值。一般而言，获利指数大于 1 的项目被认为是有吸引力的投资选择，因为它们可以产生超过投资成本的净现值。

2．资本预算决策

企业在资本预算决策中使用获利指数法来确定是否应该进行某项长期投资。与净现值法类似，获利指数法帮助企业比较项目的收益与成本。较高的获利指数意味着每单位投资所产生的收益更高，可能更具吸引力。

3．项目优先级排序

当企业面临多个投资项目时，获利指数法可用于对项目进行排序。通过计算每个项目的获利指数，企业可以确定项目的相对优先级。较高的获利指数项目可能被认为是更优先考虑的项目。

4. 敏感性分析

获利指数法还可以用于进行敏感性分析。通过调整投资金额或现金流量假设，企业可以评估不同情景下获利指数的变化。

获利指数法提供了一种简单且直观的方法来评估投资项目的收益性，并与投资成本进行比较。它可以帮助企业在长期决策中作出合理的选择，考虑项目的收益、成本和风险因素，以最大化投资回报。然而，获利指数法也有其局限性，例如无法直接比较项目的规模和时间跨度不同的现金流量。因此，在使用获利指数法时，需要结合其他财务指标和定性因素进行综合评估。

二、非贴现法及其应用

非贴现法主要包含平均报酬率法和投资回收期法。平均报酬率法是年现金流入量与原始投资额之比，该比例越高，说明报酬率越高，获利能力越强。实际投资决策时，企业往往会将报酬率与决策期望值相比，若低于期望值则会放弃该方案。投资回收期法是基于收回投资额时间的一种决策方法，它是投资额与年相等现金流入量之比。对长期投资决策方案而言，贴现法是最优选择；对短期投资决策而言，非贴现法是最优选择。

非贴现法在长期决策中有多种应用。

（一）投资回收期（不考虑货币时间价值）

投资回收期是指从投资项目开始运营到回收全部投资成本所需的时间。在该方法中，只考虑现金流量的金额，不考虑货币时间价值的影响。投资回收期是一种简单直观的指标，用于评估投资项目的回收速度和投资回报。

第一，快速回收投资。较短的投资回收期意味着项目能够更快地回收投资成本。这有助于降低财务风险，使企业能够迅速恢复投资并开始产生净收益。较短的回收期还提供了更多的资金用于未来的投资或其他目的。

第二，灵活性和机会成本。较短的投资回收期使企业能够更快地转移资金和资源到其他有利可图的项目。这增加了企业的灵活性，使其能够捕捉更多的商机和市场机会。较长的投资回收期可能导致较长时间的资金束缚和机会成本的损失。

第三，投资风险管理。较短的投资回收期有助于降低投资风险。由于市场和经济环境的不确定性，较长的投资回收期意味着项目暴露在更长时间的风险和不确定性之下。较短的回收期可以减少这种风险，并增强项目的稳定性和可靠性。

（二）平均年金法

平均年金法是一种基于假设投资项目在投资期内产生稳定的现金流量的方法。它假设投资项目每年产生相等的现金流量，这些现金流量被视为等额的年金金额。利用平均年金法可以计算项目的净现值，以评估其经济效益。

在平均年金法中，首先，确定投资期的长度和每年的年金金额。其次，将每年的年金金额与相应年份的折现率进行折现计算，得到每年现金流量的现值。最后，将这些现值相加，得到项目的净现值。如果净现值为正，意味着项目的净收益超过了投资成本，表明项目创造了正向的经济价值。

平均年金法的优点是简单易懂，计算方法直观。它可以帮助决策者比较不同项目的经济效益，并提供初步的投资决策依据。平均年金法的缺点是它基于假设投资项目产生的现金流量稳定且相等，这在实际情况中并不一定成立。此外，平均年金法没有考虑现金流量的时间分布和资金的时间价值的变化，因此在评估长期投资项目时可能存在一定的局限性。

因此，在实际决策中，通常会综合考虑动态指标、贴现法以及其他财务指标，以全面评估投资项目的经济效益和回报，并进行更准确的投资决策。

（三）投资利润率

投资利润率是一个用来评估投资项目盈利能力和回报潜力的指标。它衡量了投资项目所产生的净利润占投资金额的比例。

第一，盈利能力评估。投资利润率可以反映投资项目的盈利能力。较高的投资利润率意味着每单位投资所产生的净利润较高，这显示了项目在运营期内能够创造出更多的利润。

第二，回报潜力评估。投资利润率也提供了对投资项目回报潜力的初步评估。较高的投资利润率表示项目能够以较高的回报率收回投资。这意味着项目具有更大的利润空间和潜在回报。

第三，比较分析。投资利润率还可以用来比较不同投资项目之间的盈利能力。通过比较不同项目的投资利润率，可以评估它们的相对吸引力和潜在回报。在投资决策中，决策者通常倾向于选择具有较高投资利润率的项目。

第四章　企业预算管理及其信息化发展

第一节　企业预算与预算管理体系

一、企业预算的内容

企业预算是指企业在特定时期内计划支出和收入的一份详细计划，它包括以下内容：

第一，销售预算。销售预算是企业根据市场需求和销售目标预测的销售收入计划。它通常基于过去的销售数据、市场趋势和市场份额等因素进行估算。

第二，生产成本预算。生产成本预算是企业为了控制成本、降低消耗、提高效益，在预测和决策的基础上，以货币形式对生产过程中发生的各项生产费用的预算。它是一种控制手段，也是企业进行成本控制的重要依据。

第三，营销费用预算。营销费用预算是企业在推广产品或服务、市场营销活动上计划投入的费用。这包括广告费用、促销费用、销售团队的薪酬等。

第四，管理费用预算。管理费用预算是企业在日常运营管理中计划的费用，如行政人员薪酬、办公设备费用、办公用品费用、办公场地租金等。

第五，研发费用预算。研发费用预算是企业计划投入到新产品研发、技术改进和创新项目上的费用。它包括研发团队的薪酬、实验设备费用、研究材料费用等。

第六，资本支出预算。资本支出预算是企业计划投资于长期资产和设备的费用，如购买新设备、扩建工厂、购置房地产费用等。

第七，财务费用预算。财务费用预算是企业计划支付的财务成本，如利息支出、银行手续费等。

第八，税务预算。税务预算是企业计划应纳税款款项的预估，根据适用的税法规定和企业的财务状况进行估算。

二、企业预算管理体系

（一）预算管理的基本特征

预算管理与其他管理方法相比具有以下鲜明特征。

第一，权威性。全面预算管理的权威性是由全面预算审批机构的权威性和全面预算管理本质属性决定的。

第二，适应性。全面预算管理的适应性包括外部适应性和内部适应性两个方面，它是由企业外部环境的变动性和内部环境的特殊性决定的。

第三，全面性。全面预算管理的全面性是由全面预算管理的基本属性决定的。全面预算管理的基本属性就是全面性。如果不具备全面性，也就不能称其为全面预算管理。

第四，机制性。全面预算管理的机制性是由全面预算管理的运行机制决定的。全面预算管理的运行机制就是将企业生产经营活动的决策管理过程机制化、模式化、规范化。

（二）预算管理的主要功能

高效的预算管理能提高企业内部管理水平，使资金在利用的过程中更加灵活、科学，可在加强资金周转的基础上，保证企业的可持续发展，可见预算在企业管理中起着重要的作用，这些都离不开预算管理功能的充分释放。预算管理的功能如下。

第一，规划未来。战略是组织必须具备的一种行为特征。公司管理者必须把握正确的战略方向，有力地推动战略型发展的进程，使组织获得生存和持续发展。年度预算是对中长期战略目标和计划的分解、细化和量化。战略通过战略地图的形式分解成关键的绩效指标，进而把绩效指标分解成预算，体现的是预算自上而下的编制过程。具体表现为：①将管理人员采用不同行动的预计结果，在企业预算的精密模式中进行非常系统而具体的反映；②将企业运营环境中有可能发生并与企业关系密切而无法控制的事实通过货币形式反映出来。预算的规划职能的运用方式非常广泛且富有弹性，可以运用完全非正式的方式，也可以运用完全正式化的规划方式。

第二，沟通与协调。实施全面预算管理，不仅可以促使企业高层管理者从整体上考虑企业各个运行环节之间的相互关系，明确各部门的责任，便于各部门间的协调，避免由于责任不清造成相互推诿事件的发生，而且企业管理当局可以很方便地将管理意图准确、快捷地传递到企业的各个层级、各个单位和各位成员。预算管理对沟通协调的贡献有：①作为一项激励或推动部属努力达成企业目标的工具，高层主管或高层经理人可以通过预算表达未来发展战略和经营计划，减少部门之间的隔阂，同时成为企业内部沟通的工具；②企业预算可以作为上司和部属之间沟通意见的工具；

③预算罗列了各个部门应做的工作以及各个部门之间的活动，能够协调各业务部门的行动，并保证一致性，将企业的目标、机会和业务计划向不同的部门进行传达。

第三，强化控制。全面预算管理的控制功能贯穿了企业经营活动、投资活动和财务活动的全过程。预算编制是一种事前控制；预算执行是一种事中控制；预算分析与考评是一种事后控制。预算目标的制定为企业管理控制、绩效评估及其信息反馈提供标准；同时，预算为管理提供一个参考框架，指导企业经营活动，提供管理、控制活动的标准并进行相应的授权。

预算通过对预定计划及目标的实际绩效的衡量，使管理层在业务过程中能够控制和监督其执行情况，及时发现执行中存在的偏差并确定偏差的大小，一般称之为绩效报告，此项比较或衡量延伸到企业所有的层面及所有的责任中心，主要通过实际结果与预算或预测目标两者之间的差异来实现。

第四，资源配置。经过预算委员会或高层经理批准的预算能够清晰地表达出每个经理需要负责的工作范围、每个部门完成的工作、需要的人力资源和财务资源。因此，预算可以优化人力资源和财务资源配置，协调分配企业各个部门作业活动所需要的资源。

第五，绩效考核。预算代表编制者对其上级作出的一项承诺，构成了实际业绩的基础，也是绩效考核的基础和比较对象。预算把责任分给组织内的每个责任中心。期末，公司预算还可以作为业绩评价的标准。预算代表了在预算期内对公司员工和部门行为结果的期望与要求，可以用来评价实际经营业绩，进而实行考核、奖惩来激励员工。

（三）预算管理的重要作用

预算管理在不同的市场经济环境下，对不同组织结构及生产技术水平的企业的发展都起到积极作用。预算管理作为一种全方位、全过程、全员参与编制与实施的预算管理模式，凭借其计划、协调、控制、激励、评价等综合管理功能，整合和优化企业资源配置，提升企业运行效率，成为促进实现企业发展战略的重要抓手。预算管理是为数不多的几个能把组织的所有关键问题融合于一个体系之中的管理控制方法之一。

第一，全面预算管理促进企业经营决策的科学化，提高企业综合盈利能力推行以目标利润为导向的企业预算管理，从单一的销售预算、生产预算等企业的短期预算，延伸到资本预算、经营预算、财务预算等企业长期预算，都是以目标利润为导向进行编制的，这就要求管理者在确定目标利润时，必须把握市场动向，着眼企业全局，科学地进行预测，减少决策的盲目性，降低决策风险，合理地挖掘现有资源潜力，努力使决策达到科学化，使企业的行为符合市场的客观需求，更进一步地提高企业的盈利能力。

第二，会面预算管理是实现企业发展战略目标的重要手段。企业发展战略，是指企业在对现实状况和未来趋势进行综合分析和科学预测的基础上，制订并实施的长远发展目标与战略规划。预算管理是在将企业的长期战略规划和年度具体行动方案紧密结合的基础上，对企业各项经营管理活动作出一系列细化、量化的计划安排而形成的一整套实施企业发展战略目标的具体方案与制度。

第三，全面预算管理是企业有效实施内部控制、防范风险的重要机制。控制职能是预算的基本职能。预算管理是企业有效实施内部控制、防范风险的重要机制，体现在其贯穿于企业的各项经济管理活动的事前、事中及事后的全过程，并对关键环节予以控制。企业预算的制定和实施过程，是企业不断用量化的工具，使自身所处的经营环境与拥有的资源和企业的发展目标保持动态平衡的过程，也是企业在此过程中对所面临的各种风险的识别、预测、评估与控制过程。一方面，在执行预算过程中可以进行数据分析，对企业的风险进行识别、预测、评估，并预先采取风险防范策略；另一方面，企业在预算编制、执行过程中的监控可以及时发现风险，并实施控制或规避风险的措施。

第四，全面预算管理是企业优化资源配置、提高经济效益的重要途径。预算管理以企业发展战略为导向，将企业外部市场环境与企业发展方针与经营活动紧密结合，通过对企业内部的各种资源进行优化配置，力争实现人、财、物等资源的最充分利用，提高经济效益。全面预算是为数不多的能够将企业的资金流、实物流、业务流、信息流、人力流等相整合的管理控制方法之一。全面预算以经营目标为起点，以提高投入产出比为目的，其编制和执行过程就是将企业有限的资源加以整合，协调分配到能够提高企业经营效率效果的业务、活动、环节中去，从而实现企业资源的优化配置，增强资源的价值创造能力，提高企业经济效益。

第五，全面预算管理是现代企业实现制约和激励的基础。基于现代企业两权分离制度和委托代理制度，预算管理的本质是委托者和代理者之间的一种契约，是通过量化关系表现的企业内部各个管理层次以及各个管理部门的权力和责任的制度安排，并通过这种制度安排及相应的利益分配来实现企业内部的制约与激励机制。全面预算可以将企业各层级之间、各部门之间、各责任单位之间的内部权、责、利关系规范化、明细化、具体化、可度量化，从而实现出资者对经营者的有效制约，以及经营者对企业经营活动、企业员工的有效计划、控制和管理。通过全面预算的编制，企业可以规范内部各个利益主体对企业具体的约定投入、约定效果及相应的约定利益；通过全面预算执行及监控，可以真实反馈内部各个利益主体的实际投入及其对企业的影响并加以制约；通过全面预算执行结果的考核，可以检查契约的履行情况并实施相应的奖惩，从而调动和激励员工的积极性，最终实现企业目标。

综上所述，企业要想在未来竞争中占据一席之地，就应具有一定的战略眼光，重视和加强企业的预算管理工作，从根本上提高企业的管理能力和内部控制能力，通过部门之间的相互协调，引入预算管理机制，增加预算的合理性，提高资源的使用效率，促进企业更好更快地发展。

第二节　构建全面预算管理体系

一、企业全面预算的编制

（一）企业全面预算编制的方法

1. 增量预算法与零基预算法

预算编制方法按照预算编制所依据的基础不同，分为增量预算法与零基预算法。

（1）增量预算法。增量预算法又称为调整预算法，是指以基期水平为基础，分析预算期业务量水平及有关影响因素的变动情况，通过调整基期项目及预算额的一种编制预算的方法。用增量预算法编制的预算称为增量预算。

按照这种方法编制预算，往往不加分析地保留或接受原有的成本项目，可能使原来不合理的费用继续开支，而得不到控制，形成不必要开支合理化，造成预算上的浪费。此外，当预算期的情况发生变化时，预算数额会受到基期不合理因素的干扰，可能导致预算的不准确，不利于调动各责任单位（部门）达成预算目标的积极性。

（2）零基预算法。零基预算法是“以零为基础编制预算”的方法。采用零基预算法编制费用预算时，不考虑以往期间的费用项目和费用数额，主要根据预算期的需要和可能，分析费用项目和费用数额的合理性，综合平衡编制费用预算。用零基预算法编制的预算称为零基预算。

零基预算法作为一种预算控制思想，它的核心是要求预算编制人员不要盲目接受过去的预算支出结构和规模，一切都应按照变化后的实际情况重新予以考虑。应用零基预算法编制预算的优点是不受前期费用项目和费用水平的制约，能够调动各部门降低费用的积极性；但其缺点是编制工作量大、时间长，对企业资源的分配极易受主观意识的影响。

2．固定预算法与弹性预算法

预算编制方法按照预算编制所依据的预算业务量是否固定，分为固定预算法与弹性预算法。

（1）固定预算法。固定预算法又称为静态预算法，是根据预算内正常的、可实现的某一固定业务量（如销售量、生产量）水平作为唯一基础来编制的预算。固定预算法是编制预算最基本的方法。按固定预算法编制的预算称为固定预算。固定预算法的特点是不考虑预算期内业务量水平可能发生的变动，只以某一确定的业务量水平为基础制定有关的预算，在预算执行期末，将预算的实际执行结果与固定的预算水平加以比较，并据此进行业绩考评。此方法存在适应性差和可比性差的缺点，一般适用于经营业务稳定，产品产销量稳定，能准确预测产品需求及产品成本的企业。也可用于编制固定费用预算。

（2）弹性预算法。弹性预算法又称为动态预算法或变动预算法，是在按照成本（费用）习性分类的基础上，根据量、本、利之间的依存关系，考虑到预算期间业务量可能发生的变动，编制出一套适应多种业务量的预算。按弹性预算法编制的预算称为弹性预算。从理论上讲，弹性预算法适用于编制全面预算中所有与业务量有关的各种预算，但在实务中，主要用于编制弹性成本费用预算和弹性利润预算等。弹性预算能够反映预算期内与一定相关范围内的，可预见的多种业务量水平相对应的不同预算额，从而扩大了预算的适用范围，便于预算指标的调整。

3．定期预算法与滚动预算法

预算编制方法按照预算编制所依据的预算起止期间是否固定，分为定期预算法与滚动预算法。

（1）定期预算法。定期预算法是以固定不变的会计期间（如年度、季度、月份）作为预算期的一种编制预算的方法。定期预算法并不是一种单纯的预算编制方法，如前述的固定预算法、弹性预算法、增量预算法和零基预算法以固定不变的预算期间编制预算，都可以称为定期预算法。用定期预算法编制的预算称为定期预算。

采用定期预算法编制预算，保证预算期间与会计期间在时期上配比，便于进行会计报告的数据与预算的比较，考核和评价预算的执行结果。但不利于前后各个期间的预算衔接，不能适应连续不断的业务活动过程的预算管理。

（2）滚动预算法。滚动预算法又称为连续预算法或永续预算法，是指在编制预算时，将预算期与会计年度脱离，在上期预算完成情况的基础上，不断延伸补充预算，将预算期间逐期连续向后滚动推移，使预算期间保持一定的时期跨度。用滚动预算法编制的预算称为滚动预算。

运用滚动预算法编制预算，使预算期间依时间顺序向后滚动，能够保持预算的持续性，有利于考虑未来业务活动，结合企业近期目标和长期目标，使预算随时间的推进不断加以调整和修订，能使预算与实际情况更相适应，有利于充分发挥预算的指导和控制作用。

（二）企业全面预算编制的准备

全面预算编制作为一项复杂的系统工程，只有将准备工作做好了，预算的编制才能得心应手，事半功倍。一般情况下，全面预算编制的准备工作主要包括：一是制定预算编制原则。二是夯实编制基础，健全定额体系。初次编制预算的企业首先要建立健全科学、合理的定额体系，非初次编制预算的企业也需要对现行的预算定额进行修订。三是设计预算表格，明确逻辑关系。四是确定预算目标，搞好目标分解。五是编写预算大纲，明确预算方法。六是召开预算会议，布置预算编制工作。

1. 企业全面预算编制的期间与时间

企业全面预算编制的期间主要根据预算的内容和实际需要而定，可以是一月、一季、一年等。一般情况下，编制企业全面预算多以一年为一个预算期，年内再按季度或月度细分，而且预算期间与会计期间保持一致。

企业全面预算编制的时间主要取决于：①企业规模大小和组织结构、产品结构的复杂程度；②企业编制预算的方法和工具；③企业预算管理开展的深度和广度；④预算审批程序的复杂度。

编制预算的时间太早、太晚都不行。太早影响预算的准确性，太晚影响预算的执行。一般而言，独立法人企业的年度预算应在上年度的 10～11 月份开始编制，集团企业的年度预算在上年度的 9～10 月份开始编制。

2. 企业全面预算表格的编制设计

编制全面预算需要设计主表、分表、计算表和基础表的具体格式。不同的表格具有不同的设计要求。主表的设计要求简洁明了、一目了然；分表的设计要求具体详尽、细致入微；计算表的设计要求繁简适度、计算关系明确、计算过程清晰；基础表的设计要求因事制宜、灵活多样、适用性强。

（1）主表的格式设计。预算主表的格式尽管很多，但其基本内容主要有预算项目、预算总额及细化指标三项。

（2）分表的格式设计。预算分表是预算主表的对应、细化、补充和说明。因此，分表的基本内容与主表一致，主要有预算项目、预算总额及细化指标三项。

（3）计算表的格式设计。预算计算表涉及很多预算指标的计算过程，需要预算人员根据预算指标的性质和计算公式进行设计，基本内容主要有预算项目、基础数据、计算关系和指标数据四项。

（4）基础表的格式设计。预算基础表为主表、分表和计算表提供基础数据和编制依据，这些基础数据和编制依据有的是数字形式，有的是文字形式。因此，预算人员需要根据数据资料的内容和表现形式灵活设计基础表的格式。

3. 企业全面预算目标的确定与分解

（1）预算目标确定与分解的目的。确定预算目标是企业全面预算编制过程中最重要的前置工作。企业全面预算管理目标应与企业发展的目标一致。企业预算目标的确立，一方面可以引导企业各项活动按预定计划进行，防止出现或及时纠正偏差；另一方面还可以最大限度地发挥企业员工的积极性，提高企业经济效益。

第一，保证公司战略目标的实现。战略目标可以作为预算编制的指导目标，通过预算目标的下达，指标化、数字化明确地表达了战略目标，实际为各级责任主体预算编制指引了方向。企业年度预算目标按一定预算周期分解到各级责任主体，构成了各级责任主体的预算目标责任书。该责任书将作为标准来衡量责任主体所编制的预算，保证企业战略在各责任单位（部门）得到贯彻与实施。

第二，为预算编制提供前提和基础。预算编制过程中，通过对所编制预算进行分析，特别是对预算目标模拟达成情况进行分析，可以评价不同责任单位（部门）战略合理性与所编制预算的合理性。在预算的审核、平衡过程中，一般会将总体战略和总体预算目标作为平衡点，通过调整相关责任单位（部门）的战略和预算，使所编制预算满足总体战略和预算目标的要求。

第三，为预算控制及考核提供依据。预算目标的确定与分解可以确保各层责任单位（部门）的所有经营活动均在量化的预算指标体系下运作，增强企业整体的控制与考核的可操作性。在预算执行过程中，通过对预算实际发生情况进行分析，可以进行预算目标达成情况差异分析，通过差异分析，可随时发现执行过程中的问题，并通过对问题的根源分析，及时进行预算的调整。

（2）预算目标确定与分解的原则。企业整体预算目标、分（子）公司预算目标以及部门预算目标等构成一个整体的预算目标体系。在确定企业的预算目标之后，还需要根据企业的实际情况将预算目标分解到每个阶段、每个部门，从而有利于企业整体预算目标的实现。无论是制定企业的预算目标还是将其分解，都应遵循一定的原则。

第一，预算目标确定应遵循的原则。企业全面预算目标作为企业战略目标在特定预算期内具体体现，应适应企业长远战略目标实现的要求，而预算目标要通过预算的编制来体现，通过预算的执行和监督来落实。企业预算的目标必须从企业自身情况和市场经济环境，以及对于未来发展趋势的预测来综合考虑制定，一旦确定，应在一定时期内保持稳定性。在实际工作中，企业预算目标的确定主要遵循下列原则：先进性与可行性兼顾的原则、整体规划与具体计划相结合的原则、外部市场与企业内部条件相结合的原则。

第二，预算目标分解应遵循的原则。在企业预算目标的分解中应当牢牢把握以下原则：整体一致性原则、长期利益与短期利益相协调的原则、先进性与可操作性相结合的原则、效率与公平兼顾的原则、充分挖掘盈利潜力的原则。

（3）确定预算目标的步骤。

第一，建立预算指标体系。预算指标是全面预算的载体，建立逻辑严谨、相互联系、互为补充的预算指标体系，可以综合反映预算总目标的要求。由于企业各个层级、各个责任部门的职责分工不同，所承担的预算指标体系内容也不同。因此，企业需要根据具体的预算主体，设计建立不同的预算指标体系。

第二，测算并确定预算目标数值。预算目标是企业战略规划和经营目标的体现。按照现代企业制度的要求，任何预算目标数值的确定，都是公司股东、董事会、经营者等不同利益团体相互协调和相互博弈的结果。

第三，对预算目标进行细化分解。预算目标的细化分解，是一个由上到下、由下到上的反复沟通、协商过程。当预算总目标确定以后，就要将其在企业各个层级和各个部门中进行分解，使之成为各责任单位（部门）在预算期内的预算目标，并以此约束各责任主体的经营行为，确保企业战略规划和经营目标的实现。

实际操作中，预算目标的分解是比较难确定的，因为预算目标的实现与否会直接影响员工的绩效。预算目标定得较低，下属员工会愿意接纳，但预算的松弛程度会提高，预算的约束力较差；预算目标定得较高，员工会放弃努力，预算完成的可能性会受到影响。因此，预算目标的分解只有在等于或略高于员工的能力时，预算目标才会被员工接纳并愿意执行。解决预算目标差异的良好方法就是用企业文化的传递加强高层与基层员工的沟通。日本丰田公司的一种做法就是将产品的用量标准和产品制造的工时标准交给工人自己制定，充分信任员工的责任心和使命感，从而带来了预算目标的顺利实现。

实质上，在信息不对称的条件下，由于员工比上级责任负责人能更清楚地了解影响预算目标实现的环境因素，员工客观上存在压低预算目标的主观动机。因此，只有利用沟通的方法，掌握下属员工的工作能力，经过充分的信息沟通和协商来促使预算目标的确定与分解。

二、企业全面预算的执行

（一）企业全面预算执行的条件

企业全面预算的规划与编制必定投入相当庞大的人力与时间，但毕竟属于书面作业，如不能付诸实践，仍属徒劳无功，必将前功尽弃。因此，企业预算编制好后，在执行过程中必须营造一个有利于预算执行的良好环境，以使企业自上而下都能按照统一的行为规则开展工作，这个良好环境就是预算执行的前提条件。

1. 预算执行的基础：提高预算的准确性

预算编制与预算执行互为条件，相辅相成。预算编制是预算执行的基础，而预算执行以完备和严谨的预算为前提。编制的预算与实际情况相去甚远，这样的预算没有办法执行，也没有必要执行。因此，企业在编制预算时必须强调预算的准确性，要让预算编制者明白，编制预算是为了执行预算，没有办法执行的预算无异于一张废纸。为了使预算顺利执行并发挥应有的效能，必须端正预算编制态度，规范预算编制规程，切实提高预算编制的准确性。

2．预算执行的保障：树立预算的权威性

预算编制得再好，未能得到很好的执行也是枉然。预算要想得到认真执行，树立预算的权威性是关键。企业的预算一旦通过审批，就会下发到各执行单位，在企业内部就有了“法律效力”。领导审批生产经营活动要看是否有预算，员工从事生产经营活动要看是否符合预算，财务部门报销费用要看是否超出预算。换句话说，企业中上自董事长，下到基层员工都要严格执行预算，不能违背预算。只有这样，预算的执行才能拥有切实的保障。

3．预算执行的关键：健全预算执行机制

（1）建立预算执行的组织机制。企业实施全面预算管理，首要问题是设计预算组织体系。预算组织体系必须体现出企业各层级之间的权力制衡，使决策机构、组织机构、执行机构和控制机构能够发挥各自在预算管理组织中的作用。由于各项具体预算是按照企业内部各个部门不同的职责范围进行编制的，是责任预算，与此相适应，企业必须建立健全各种预算执行的责任中心，使各责任中心对分解的预算指标既能控制，又能承担完成责任。因此，按照企业的组织结构合理划分责任中心，建立与预算责任划分相适应的组织架构，是搞好预算执行的组织保证。

（2）建立预算执行的核算机制。企业各责任中心的预算执行过程和结果，需要及时、准确地予以揭示和反映。而传统的财务会计以资金运动作为核算对象，不能满足企业对预算责任进行核算的需要。责任会计通过对各个责任中心的责任核算，不仅可以准确掌握各责任中心的预算执行情况和执行结果，而且有利于企业管理者及时发现、分析和纠正预算执行中的偏差，确保预算目标的实现。因此，实施全面预算管理，必须建立责任会计核算机制，按预算责任部门开展会计核算工作，以满足正确核算各预算责任部门预算执行过程和结果的需要。

（3）建立预算执行的监控机制。预算的执行与监督是紧密联系的，有力监督是有效执行的重要保证。预算执行是一个动态过程，不确定的因素很多。为了确保预算的有效执行，就必须对各责任中心预算的执行情况进行有效监控，及时调整预算执行中的偏差。因此，企业只有建立健全预算执行的监控机制，才能确保预算的顺利执行。它包括预算信息监控、预算调整监控、预算审计监控等内容。

（4）建立预算执行的考核奖惩机制。如果不对预算执行的过程和结果进行考核和奖惩兑现，那么预算执行就会流于形式。企业在全面预算管理工作中应确立“以人为本”的管理理念，建立有效的考核和奖惩机制，以全面提高预算工作的效率和效果。制定科学、合理的考核和奖惩机制是确保企业预算管理系统长期、有效运行的重要条件。明确的考核和奖惩机制可以让预算执行者在预算执行之前就明确其业绩与奖惩之间的密切关系，使个体目标与企业预算整体目标紧密结合，从而自觉地调整和约束自己的行为，努力工作，提高工作效率，全面完成企业预算指标。

（二）企业全面预算执行前的准备

企业在完成预算编制之后，就进入预算执行阶段。预算执行得好坏是预算目标实现与否的关键。为了保证所编制的预算能够顺利执行，企业需要在预算执行之前进行如下准备工作。

1．预算目标的分解

年度预算经过审查批准后，为了在实际的生产经营活动中执行得便捷顺利，通常需要进行分解。预算目标的分解至少包括以下两个方面。

（1）时间的分解。企业需要把年度预算目标分解到更具体的时间段，比如，分解为季度、月份乃至旬等。有条件的企业甚至可以分解到更细致的时间段。

（2）内容的分解。企业应将年度总预算按照所涉及的内容不同，分解到各个不同的责任主体或人员。预算目标经过分解，才能在日常的生产经营中随时将实际执行情况与预算标准进行比较，分析差异，从而解决问题。

2．预算任务的下达

预算经过分解后，就可以将其传达给各个业务部门。通常企业完整的总预算仅分发给企业高级管理人员以及经高级管理人员授权的其他人员。分发给各部门主管和中层管理人员的预算不需要是完整的，但是必须保证与他们的权力和职责相关的预算传达到位。例如，一位固定资产管理的主管，不必分送完整的企业预算，但应给予与职责相关的部分，如固定资产采购预算、折旧预算及更新改造计划预算等。一般来说，企业应将各预算连续编号，并保留分送对象的编号记录。

3. 预算执行的动员与讲解

预算能否成功执行，很大程度上取决于员工是否能充分地了解编制的依据、原理，明确自己在预算中的职责和任务。虽然预算编制必须遵循全员参与的原则，但实际上关键步骤都是由管理人员和专业人员完成的，一般员工对于预算并不一定有全面的认识和深刻的理解。因此，对于预算的动员与讲解是十分重要的。预算分解下达后，必须以部门为单位举行预算说明会，讲解企业整体预算计划以及本部门的职责和任务，使每个员工都能明确自己的职责。

（三）企业全面预算执行的组织

各责任中心和各单位（部门）是预算的执行机构，预算执行的直接责任人是各责任中心的负责人和各单位（部门）的负责人。可以说，责任中心是企业预算执行和控制的基础。企业在对预算目标进行层层分解后，依据各责任中心的职责范围进行分配传达，预算的执行、控制以及后期的考评和激励都将以责任中心为单位。

责任中心是指具有一定的管理权限，并承担相应的经济责任的企业内部责任单位。划分责任中心的标准是：凡是可以划清管理范围，明确经济责任，能够单独进行业绩考核的内部单位，无论大小都可以成为责任中心。具体如何建立责任中心、建立多少责任中心，取决于企业内部控制、考核的要求。根据内部单位职责范围和权限大小，可以将其分为成本中心、利润中心和投资中心。

1. 成本中心

成本中心是指只对成本负责的责任中心。这类责任中心大多是指不形成收入、只负责产品生产的生产部门、提供劳务的部门和被规定一定费用控制指标的企业管理部门。

成本中心是责任中心中应用最为广泛的一种责任中心形式。只要有费用支出的地方，就可以建立成本中心，上自企业，下至车间、工段、班组，甚至个人都可以划分为成本中心。

第一，成本中心往往是没有收入的。例如，一个生产车间，它的产成品或半成品并不由自己出售，没有销售职能，没有货币收入。

第二，有的成本中心可能有少量收入，但不成为主要的考核内容。例如，生产车间可能会取得少量外协加工收入，但不是它的主要职能。

第三，一个成本中心可以由若干个更小的成本中心组成。例如，一个分厂是成本中心，它由几个车间组成，而每个车间还可以划分为若干个工段，这些工段是更小的成本中心。任何发生成本的责任领域，都可以确定为成本中心，大的成本中心可能是一个分公司，小的成本中心可能是一台卡车和两个司机组成的单位。成本中心的职能是用一定的成本去完成规定的具体任务。

成本中心有两种类型：一种是标准成本中心，是指有明确具体的产品，并且对生产产品所需各种要素的投入量能够合理预计的成本中心。通常，标准成本中心的典型代表是制造业工厂、车间、工段、班组等。在生产制造活动中，每个产品都可以有明确的原材料、人工和制造费用的数量标准和价格标准。另一种是费用中心，适用于那些产出物不能用财务指标来衡量，或者投入和产出之间没有密切关系的单位。这些单位包括一般行政管理部门，如财务、人事等；研究开发部门，如设备改造、新产品研制等；某些销售部门，如广告、宣传、仓储等。一般行政管理部门的产出难以计量，研究开发和销售活动的投入量与产出量之间没有密切的联系。对于费用中心，唯一可以准确计量的是实际费用，无法通过投入和产出的比较来评价其效果和效率，从而限制无效费用的支出，因此，有人称之为“无限制的费用中心”。

2. 利润中心

一个责任中心，如果能同时控制生产和销售，既要对成本负责，又要对收入负责，但没有责任或没有权力决定该中心资产投资的水平，因而可以根据其利润的多少来评价该中心的业绩，那么，该中心称为利润中心。

利润中心同时具有生产和销售的职能，有独立的、经常性的收入来源，可以决定生产什么产品、生产多少、生产资源在不同产品之间如何分配，并自行决定销售策略。相比成本中心，利润中心通常在经济上具有较强的独立性，负责人对生产经营有较大的自主权。

利润中心有两种类型：一种是自然的利润中心，它直接向公司外部出售产品，在市场上进行购销业务。例如，某些公司采用事业部制，每个事业部均有销售、生产、采购的职能，有很大的独立性。这些事业部就是自然的利润中心。另一种是人为的利润中心，它主要在公司内部按照内部转移价格出售产品。例如，大型钢铁公司分成采矿、炼铁、炼钢、轧钢等几个部门，这些生产部门的产品主要在公司内部转移，它们只有少量对外销售，或全部对外销售由专门的销售机构完成，这些生产部门可视为利润中心，并称为人为的利润中心。

3. 投资中心

投资中心是指某些分散经营的单位或部门，其经理所拥有的自主权不仅包括制定价格、确定产品和生产方法等短期经营决策权，而且还包括投资规模和投资类型等投资决策权。投资中心的经理不仅能控制除公司分摊管理费用外的全部成本和收入，而且能控制占用的资产，因此，不仅要衡量其利润，而且要衡量其资产并把利润与其所占用的资产联系起来。

投资中心是既要对成本、利润负责，又要对投资效果负责的责任中心。它是比利润中心具有更高层次的责任中心，相当于一个独立核算的企业。投资中心与利润中心的主要区别是：利润中心没有投资决策权，需要在企业确定投资方向后组织具体的经营；而投资中心则具有投资决策权，能够相对独立地运用其所掌握的资金，有权购置和处理固定资产，扩大或削减生产能力。一般整个企业本身就可以作为一个投资中心。

三、企业全面预算的控制

“随着市场经济的发展，各方面竞争都十分激烈。为了制定有竞争力的市场价格，提升管理水平，实现目标利润，越来越多的企业开始推行全面预算管理制度。而成本控制作为企业管理永恒的主题，科学地将成本控制与全面预算相结合不仅能有效降低成本，更能提升企业的核心竞争力。”[①]预算控制指的是根据预算规定的收入与支出标准，检查和监督各部门活动，以保证组织经营目标的实现，并使费用支出受到严格有效的约束的过程。预算控制以预算编制为基础，执行和控制企业经营活动并在活动过程中比较预算和实际的差距及原因，然后对差异进行处理，是管理控制中运用最广泛的一种控制方法。它涵盖了预测、试算、平衡、执行、调整、分析、评价、奖惩等环节。

---

① 金佳玲．全面预算管理在企业成本控制中的应用研究[J]．财经界，2023，651（08）：52．

（一）企业全面预算控制的主体

企业预算控制的主体是实施预算控制的机构或个人，是预算执行者之间的自我控制和相互控制的结合。预算控制主体一般分为五个层次，自下而上为基层员工、责任中心、财务部门、预算委员会（董事会）和出资者。

1．基层员工

基层员工是企业开展各种业务活动的开端，是预算控制的第一道“闸门”，也是最小的控制责任单元。员工的基本素质包括归属感、忠诚度、职业道德、控制意识及技能等，是实施第一层控制的基础，建立员工控制责任机制是重要保证。

2．责任中心

企业的责任中心一般分为成本中心、利润中心及投资中心，是承载企业预算目标的主体，也是预算控制的直接责任人。责任中心的主要任务是通过实施各种控制手段，保证责任目标的实现。

3．财务部门

财务部门是预算控制中心和预算信息处理中心，负有主要预算控制责任。财务部门的主要任务是构建预算控制关键点体系和建立信息快速沟通机制，确保预算责任执行到位。

4．预算委员会

预算委员会（董事会）是一个企业中负责预算管理和控制的部门。其主要职责是审查和批准公司的预算，监督预算执行情况，并在需要时进行调整。该部门通常由公司的高层领导组成，包括董事长、副董事长、总经理和其他相关人员。

5．出资者

现代企业产权关系的主要特征是所有权和经营权分离，经营者取代出资者控制企业的经营管理权。委托代理理论认为，出资者将其所拥有的资产根据预先达成的条件委托给经营者经营，所有权仍归出资者所有，出资人按出资额享有剩余索取权和剩余控制权。经营者在委托人授权范围内，按企业法人制度的规则对企业财产等行使占有、支配和处置的权力。因此，预算控制的主体除了以上参与企业生产经营活动的经营者外，还有出资者。

出资者预算控制是出资者为了实现其资本保全和资本增值，提高资本收益率而进行的预算控制。其控制方式主要有五种：①通过股东大会审议通过预算方案的方式，实现对企业生产经营活动的事前控制。②通过以股东为主体组成的公司董事会，对企业生产经营活动实行决策控制。③通过在企业实行监控型财务总监制，实现对企业生产经营活动的预算控制，很多母公司以出资者身份向子公司委派财务总监，就是实施出资者预算控制的具体形式。④通过出资者代表组成的监事会，实现对企业生产经营活动的日常监控。⑤通过审议经营者年终决算报告的形式，实现对企业生产经营活动的事后控制。

总之，企业预算控制必须构建以上五个层次的控制主体，各尽其责、各司其职，又必须相互监督、相互控制，才能发挥最大的控制效能。

（二）企业全面预算控制的内容

企业全面预算控制的内容就是预算编制产生的各级各类预算，即业务预算、资本支出预算和财务预算。控制的具体内容包括：①预算是否落实。各部门是否采取了相应的落实措施，责任预算与总预算是否协调，是否有擅自改变预算的行为。②预算执行是否全面。全面核查责任单位的各项经济活动，判断是否全面完成预算任务。③预算执行是否均衡。企业各部门应合理安排采购、生产和销售的进度，均衡地完成预算各项要求，按月分析预算执行实绩与平均完成程度的偏离系数，判断各部门执行预算的均衡情况。

1．业务预算控制

（1）销售预算控制。销售预算控制的目的是保证责任单位全面完成甚至超额完成销售预算目标，所以控制目标应该集中于销售价格和销售量，监督二者在预算期间的变化。

销售预算控制的要点有：①在时间周期上对销售预算应控制到最小的预算周期。监控人员应关注每一个最小预算期间预算的执行情况；②将销售预算涉及的地区划分为若干部分，每部分由专人负责，如分区销售经理；③建立销售预算完成计划时间进度表，随时检验预算完成情况；④建立有效的预算评估程序，对每一阶段预算执行情况进行评价。

对于销售预算执行好的应及时激励，无论是精神激励还是物质激励都是必需和必要的；对于销售预算执行差的应及时鞭策，给予必要的警告和处罚。从不少企业的实际操作经验来看，定期进行销售预算执行情况公示对于激励先进和鞭策落后都是很好的方法，而且成本很低，能起到事半功倍的效果。另外，在销售预算中还涉及产品期初、期末的存货。由于各种环境因素的影响，销售量的波动会比较频繁，为了生产的稳定，对存货的预算也应该进行控制，使存货数量处在最低安全存量和最高存量之间。

（2）生产预算控制。

第一，产量预算控制。产量预算控制会受到销售预算和存货预算控制结果的影响。一般来说，产量预算控制的指导原则应包括：①决定每项或每类产品的标准存货周转率；②利用每项或每类产品的标准存货周转率和销售预测值来决定存货数量的增减；③预算期内的生产数量等于销售预算加减存货增减的数量；④依据产量预算，与有关部门协商后，就可发出制造指令，进行实际的生产活动，并对生产进度与数量加以控制。总之，产量预算的控制必须符合管理控制的政策，使生产稳定，并将存货数量保持在安全存量以上和管理决策所决定的最高存量以下。

第二，直接材料预算控制。直接材料预算控制的基本目的有两个。①关于直接材料存货的。通过预算控制使相关人员能够在最适当的时候发出订单，以适当的价格和质量获得适当数量的直接材料。②对于直接材料消耗的。通过控制使材料消耗符合预算标准，将损失控制在合理范围之内。

有效的直接材料存货控制必须做到：①及时供应生产所需的材料，保证生产的连续性；②在供应短缺时（季节性等因素造成），设法提供充足的材料；③以最少的处理时间和成本储存材料，并避免火灾等意外情况以及减少自然消耗；④系统地报告材料状况，使过期、过剩、陈旧的材料项目降到最低程度；⑤对于生产过程的残废料的发生，也要加强控制。这些要求可以通过定期汇报、定期检查、限定材料存货最低、最高量等手段来实现。

第三，直接人工预算控制。直接人工预算控制的有效性取决于各级主管人员的持续监督和观察，以及主管人员与员工的接触。直接人工预算中最重要的环节是单位产品人工工时标准的确定，因为单位工时人工工资的标准已经在年度工资方案中确定了，变动的可能性很小。另外，工作流程的规划以及物料、设备等的布置安排也会对直接人工总成本产生影响，必须加以注意。

第四，制造费用预算控制。对制造费用的控制分为两部分：一部分是跟产量有关的费用，即变动性制造费用，比如机、物、料的消耗、维修费等，对这部分的控制主要还是靠定额进行控制，可以参照直接材料和直接人工的预算控制；另一部分是固定性的制造费用，比如分摊的折旧费，由负责计算分摊这些费用的部门实施控制，主要是从额度上控制费用总额和分配给相应受益部门的份额，接受这些间接费用的部门则无须承担控制责任。

（3）材料采购预算控制。材料采购预算应从单价、数量和质量三个方面进行控制。采购单价应控制在预算范围之内。若超过必须作为例外管理事项上报，单独审批；采购的数量则可以根据弹性预算的变动来控制；采购的质量是采购预算控制的底线，实际控制中若出现不符合质量要求的采购项目，不允许验收入库和支付相应款项。

（4）费用预算控制。对于费用应首先将其划分为固定费用与变动费用。固定费用预算控制的时候以总额控制为主，实行封顶控制，即不得超支；对于变动费用预算则按与业务量挂钩比例来进行控制，业务量增加相应的费用增加，业务量下降则相应的费用下降。

2．财务预算控制

财务预算控制的对象是现金预算。通过对前面各项预算的控制，预计利润表和预计资产负债表已经得到了较好的保证，但还需要对现金进行专门的管理控制。良好的现金控制制度是非常重要的，因为现金的多余和不足，特别是现金不足给企业带来的潜在影响是很难估计的。

实际现金收支与预算收支的差异是一定存在的，发生差异的原因可能有现金影响因素的变化、突然及意想不到的情况对生产经营的影响、现金控制不力等。管理层为了缩小差异，避免出现现金不足，可以采取一定措施。①加强应收账款的催收力度；②减少付现费用；③延迟资本支出；④推迟待付的款项；⑤在不影响生产经营的基础上减少存货数量。

具体来说，现金控制的方法有两种。①对现金及未来可能的现金状况作出适当和持续的评价，这个方法涉及定期（每月）评估及报告所发生的实际现金流动情况，同时对下一期可能发生的现金流量进行预测；②保存每日（或更长时间间隔）的现金情况资料，为减少利息成本，确保充足的现金，有条件的企业可以对现有现金状况进行每日评估，这种方法特别适用于现金需求波动幅度较大，以及分支机构分散而有庞大现金流的企业。实际上，不少企业都编制“现金收支日报表”，以方便控制现金量。

3．资本支出预算控制

对资本支出预算，企业不能仅仅考虑压制支出，还应该考虑战略成本，如技术开发的成本、开发市场的成本、扩大生产的成本、提高质量的成本等。这些成本着眼的是企业的长远利益而非短期利益，技术研发可以使企业获得技术上的领先地位，开发市场可以使企业提高市场占有率，扩大生产可以使企业生产能力提高而获得规模效益，提高质量可使企业争创名牌。因此，资本支出预算控制应根据实际情况的变化，随时调整支出项目与支出额，使资产的取得、维护、升值等能够顺利进行。一旦发生无法预计和解决的问题，应依据谨慎性原则，及时停止资本支出项目，最大限度地减少损失。

资本支出预算的控制分为三个阶段：第一阶段是正式授权进行特定资本项目的计划，主要的资本支出计划需要最高管理层批准，批准的形式可以是正式或非正式的通知；相应地，对重要程度递减的资本支出计划，由相应级别的管理部门授权即可。第二阶段是资本支出项目进行中的支出控制。一旦资本支出项目经过批准并开始实施，应立即设立专门档案记录发生的成本、费用支出，并根据责任范围编制工作进度作为补充资料。每个资本支出项目的进展情况报告都应该每隔一段时间呈报给相应的管理机构，重要的资本项目则需要将报告呈送企业最高管理层审核。第三阶段是资本项目完成后的记录归档。项目完成后，相关的档案资料也记录完毕，实际情况、预算情况以及两者的对比、分析和解决措施、项目的验收和试运行情况等都一一包括在内，这些档案资料经相应管理机构核准后可以归档。

经过以上阶段，对资本支出预算的控制已经基本完成。但如果是重大的资本支出项目，还应遵循重要性原则进行跟踪观察和定期研究，以确定该项目是否产生当初预期的结果。这样的考察是十分必要的，可以对原分析的适当性提供良好的测验，还可以为将来的经营决策提供有价值的参考资料。

第三节　大数据与企业全面预算管理的优化

一、大数据背景下企业全面预算管理的重要意义

“现如今，随着我国市场经济与国民经济的蓬勃发展，各行各业的运营发展水平均得到了显著提升。同时，全面预算管理在现代化企业财务管

理中的运用价值日渐凸显，不仅能够增加企业的综合运营效益，还对于优化企业各类要素资源配置、促进企业长远稳健发展起到不容忽视的关键性作用。”[①]在传统的全面预算管理的执行与发展过程中，部分企业不重视大数据技术的发展与应用，使得企业价值得不到充分挖掘，全面预算管理工作缺乏创新性与可行性，严重影响了企业的可持续发展。积极应用大数据技术，能够为企业全面预算管理工作的顺利开展提供全新的思路与方法，确保全面预算管理工作可以高效开展，为企业经营目标的顺利达成提供支持。尤其是大数据具有信息化和可视化功能的优势，能够帮助企业准确地把握整体产业链的发展情况，进而制定出更具可行性、前瞻性的经营发展战略与预算管理措施。

从数据规模层面分析，大数据能够提供远超传统数据的数据信息支持，实现的数据信息传输具有更高的精确性与可靠性；从数据类型层面分析，除了传统预算必不可少的财务数据信息之外，大数据还涉及图片、音频以及温湿度等众多类型的数据内容，依托对众多数据信息进行的挖掘分析，确保相关预算管理方案更加科学、有效；从数据更新层面分析，传统数据的更新速度相对较慢，无法达到实时更新的效果，而大数据则能够达到信息实时采集以及更新的效果，能够做好预算的实时管控，减少信息不对称以及滞后性等方面的消极影响；从挖掘数据关系层面分析，大数据不仅能够探知数据表面的信息内容，而且能够挖掘出不同数据间的关系，明确其潜在信息内容，为后续预算编制等工作的开展提供可靠的信息参考。

通过使用全面预算管理，企业可以通过量化战略目标和严格执行年度目标来有效降低财务风险和经营风险，同时，可以通过全过程、全覆盖、全员参与的方式完成绩效管理工作，推动年度经营目标的顺利实现。依托全面预算管理工作的顺利推进，企业能够实现资金流、业务流以及信息流的有效全链条融合发展，为企业优化资源配置、降低经营风险以及实现科学战略规划等提供保障。在全面预算管理工作中，针对人力、物力以及财力实现的有效配置，激发全员的工作热情以及创新积极性，有助于企业整体经营能力的提高，为企业可持续发展保驾护航。在此过程中，大数据技术能够帮助企业掌握海量的数据信息，在深入挖掘数据内容的情况下获取对企业发展有参考价值的信息资料，为企业预算管理工作的有效推进提供信息保障。

---

① 吉进．全面预算管理在企业财务管理中的运用探讨[J]．财会学习，2023，368（15）：86.

二、大数据背景下企业全面预算管理的优化措施

（一）企业预算编制体系的优化

企业的预算编制体系可以结合平衡计分卡进行优化，从财务目标、客户目标、内部运营目标以及成长目标四个方面着手，并以各部门预算的实际情况为依据完成整体系统的编制工作。

1．财务层面

通常情况下，财务目标可分为三个组成要素，即筹资、投资以及经营。在制定实际经营目标期间，要深入分析企业的销售周期、产能利用率和成本控制情况，准确把握市场平均表现、竞争企业表现以及行业政策等实际情况，进而建立净利润率、收入增长率等相关财务预算指标。此外，要深入分析企业自身的投融资需求和管理者的投融资偏好，充分考虑被投资方的资金使用和偿债能力，进而确定经济增加值、预期资产负债率等相关预算指标。依靠大数据平台实现对预算编制的支持，企业可以优化自身人力、物力等资源的配置，促进资源利用率的全面提高，为企业经营效率的提升提供充分保障。

2．客户层面

在大数据条件下，企业能够借助目标客户消费习惯和社交网站评论等渠道对其消费行为进行深入分析，准确把握目标客户的消费习惯、消费水平和消费需求等，由此合理预测新客户获得率以及预期市场份额等，进而制定科学的客户管理策略。同时，企业应当结合产品成本、性能以及质量等条件确定合理的客户目标，准确把握客户方面的心理需求，依托大数据的支持准确获悉客户需求情况，进而达到增加客户满意度以及提高客户吸引力的效果。

3．成长层面

成长层面通常涉及研发创新以及员工两方面的内容。其中，研发创新层面能够依托市场当前的新技术需求情况、企业产能以及竞争对手技术发展现状等制定合理的研发创新预算；而员工部分能够通过员工言论、工作习惯以及员工间关系等方面对其归属感、需求情况、能力水平以及满意度情况等进行分析，进而制订与员工发展需求相适应的企业文化策略与培训计划，促进员工专业能力的增强。此外，企业应当结合经营预算的具体情况，针对员工的专业能力以及工作水平等做好评估工作，依托合理的激励

措施提高员工参与工作的热情，努力做好产品创新，推动企业竞争能力的提升。

4．内部运营层面

内部运营是企业财务目标顺利达成的重要业务基础，主要是针对采购、生产、销售以及运营开展的全程控制与管理工作。依托大数据管理中心存储的上游企业产品质量以及赊购可能性等相关数据信息与企业自身的产品需求、议价能力等具体情况来制定合理的采购预算；依托对企业生产效率、产能利用率以及产品合格率等信息的分析，制定科学的生产预算；利用下游企业产品需求、资金流情况以及赊销可能性等确定合适的销售预算和销售策略。在大数据资源系统的支持下，企业能够对当前相关业务呈现出的供产销情况进行准确把握，明确企业的长期发展需要，进而制定更加合理的销售预算，提高企业资金利用率，推动企业整体产能水平的持续提高。

（二）企业预算执行体系的优化

大数据的发展为企业具体预算执行工作的顺利开展创造了便利。在各部门执行预算的同时，大数据管理中心也在对各部门的执行情况进行收集整理、实时监控和分析。通常，基于大数据的预算执行模块由以下三个部分构成。

1．预算审批

在预算审批工作中，企业需要力求标准化与规范化，针对预算执行期间可能面临的风险要做好有效控制，严格将责任落实到相关部门和个人。同时，应当避免出现重复审批和越权审批的情况，将与预算审批相关的工作流程、时间节点以及审批权限等进行明确的流程标注，确保能够对整个预算审批工作进行跟踪管理，提升预算审批的质量与效率。对于因责任人个人问题导致预算审批工作出现重复审批和越权审批等情况的，应纳入绩效考核范畴，并与相关责任人后续的岗位晋升和薪酬调整挂钩，确保预算审批高效运行。

2．预算控制

基于大数据管理中心实现的全面预算管理工作能够达到事前、事中以及事后全程的预算分析与管控，为企业更好地开展预算管理工作提供保障。但是，全面预算控制并非针对全部预算工作的细节展开监管工作，而是依托风险测算的方式针对各控制节点的风险情况完成分级工作。其中，做好高风险部分的重点分析与监控管理，促进预算目标的顺利实现；低风险部分可以简化监管措施，降低预算控制成本，提高预算管理的整体效率。

3．预算调整

在预算实际执行期间，不可避免地会出现业务执行情况与预算相偏离的现象，而大数据管理中心发出预警后，预算执行部门和预算管理部门可视情况进行调整。若发觉实际预算执行与原本预算之间存在很大的差异，则应当对其差异原因进行深入分析并且将分析情况反馈到相关部门，各执行部门则联系获得的反馈信息对自身的预算执行情况做好调整工作，避免由于信息不对称影响各部门工作的顺利开展；若预算执行期间遇到国家政策出现调整变化的情况，有关预算管理部门以及执行部门应当按照大数据管理中心传递的变动信息做好相应预算的调整工作，并且将最新的信息内容传达到相关执行部门；若市场存在重大突发事件或数据差异显著，大数据管理中心会向各部门反馈警示信息，提醒各部门及时做好应对工作。

（三）企业预算考评体系的优化

企业应在预算期末对预算执行情况做好评价考核工作，主要从预算执行结果评价和预算执行过程评价两方面入手做好优化控制。

1．企业预算执行结果评价

企业预算执行结果评价是对企业预算执行过程和结果进行评估和审核的过程。通过对预算执行情况的监测和分析，可以了解企业预算执行情况，及时发现和纠正预算执行中的偏差和问题，为企业管理者提供决策支持，同时也有助于提高企业的财务管理水平和经济效益。

2．企业预算执行过程评价

预算执行结果评价首先要关注企业预算目标的实现情况。这包括对实际销售收入、成本费用、利润等指标的完成情况进行评估，并与预算编制时的预期目标进行对比，以判断企业预算目标的实现程度。预算执行结果评价还要关注企业资源的利用效率。这包括对企业各项资源的配置、使用和产出效益进行评估，分析资源利用的合理性、有效性和是否存在浪费现象。通过对资源利用效率的评价，可以帮助企业优化资源配置，提高生产效率和管理效果。

综上所述，大数据能够为企业全面预算管理体系的优化提供充分的数据信息支持，为企业预算工作的顺利进行提供技术保障。企业应当在大数据高速发展的背景下，准确把握预算管理工作的发展趋势，积极展现全面预算管理对于企业发展起到的积极促进作用，提升企业对大数据技术的应用水平，促进企业预算管理能力的增强，为企业可持续发展贡献力量。

与此同时，日益繁荣发展的大数据也使得数据管理系统以及数据使用者面临更大的挑战。海量的数据信息使得其信息密度处在相对偏低的水平，要求数据使用者自身具备强大的数据挖掘以及分析能力，筛选出与企业发展相适应的数据信息，为企业经营战略制定以及绩效管理实施提供信息支持；而大数据的实时采集以及分析数据的特点，也使得数据管理系统自身需要具备强大的实时更新能力，确保大数据能够为企业全面预算体系的建设创造更突出的价值。

第五章　企业责任会计与信息披露

第一节　企业责任会计及其考核

一、企业责任会计

作为现代管理会计的一个重要分支，责任会计是指为适应企业内部经济责任制的要求，对企业内部各责任中心的经济业务进行规划与控制，以实现业绩考核与评价的一种内部会计控制制度。企业的组织结构与其责任会计系统存在密切的联系，理想的责任会计系统应反映并支持企业的组织结构。

由于企业经营日益复杂化和多样化，企业规模不断扩大，管理层次繁多，组织结构复杂，分支机构遍布世界各地。显然，传统的集中管理模式已经无法满足管理的需求，现代的分权管理模式为越来越多的企业所接受。但是，由于分权管理一方面使各分权单位之间具有某种程度的相互依存性，如各分权单位之间相互提供产品或劳务；另一方面又允许各分权单位具有相对的独立性，因此，当分权单位被赋予决策自主权时，也会出现一些值得注意的问题，如分权单位可能以牺牲企业整体利益或长远利益为代价，来使自己的业绩达到最大；各分权单位之间为了各自的利益发生冲突、摩擦和竞争；各分权机构的设置、各项管理措施的实施，会相应地增加各种行政费用开支，造成浪费。

为了充分发挥分权管理的优点，抑制其缺点，必须加强企业内部控制。责任会计正是顺应这种管理需求而不断发展和完善起来的一种行之有效的控制制度。这种制度要求将企业划分为各种不同形式的责任中心，建立起以各责任中心为主体，以责、权、利相统一为特征，以责任预算、责任控制、责任考核为内容，通过信息的积累、加工和反馈而形成的企业内部控制系统，即责任会计制度。

（一）企业责任会计的主要内容

责任会计既是将会计资料与责任中心紧密联系起来的信息系统，也是强化企业内部管理所实施的一种内部控制制度。不同企业实行责任会计的具体形式可能会有所差别，但主要内容都包括以下方面。

1. 设置责任中心、明确权责范围

实行责任会计，首先应根据企业组织结构的特点，按照“分工明确、权责分明、业绩易辨”的原则，合理灵活地划分责任中心，并依据各责任中心经营活动的特点，明确规定这些责任中心负责人的权责范围及量化的价值指标，授予他们相应的经营管理权以及决策权，不仅使其能在权限范围内独立自主地履行职责，而且要对其责任的完成情况进行考核和评价。

2. 编制责任预算，确定考核标准

企业的全面预算是按照生产经营过程来落实企业的总体目标和任务的，责任预算则是按照责任中心来落实企业的总体目标和任务的，即将企业的总体目标层层分解，具体落实到每一个责任中心，作为其开展经营活动、评价工作成果的基本标准和主要依据。

3. 建立跟踪系统，进行反馈控制

在预算的实施过程中，每个责任中心应建立一套责任预算执行情况的跟踪系统，定期编制业绩报告，将实际数与预算数进行对比，据以找出差异，分析原因，并通过信息反馈，控制和调节经营活动，以保证企业总体目标的实现。

4. 分析评价业绩，建立奖罚制度

通过定期编制业绩报告，对各个责任中心的工作成果进行全面分析和评价，并按实际工作成果的好坏进行奖罚，做到功过分明，奖罚有据，最大限度地调动各责任中心的积极性，促使其相互协调并卓有成效地开展各项工作。

（二）企业责任会计的核算原则

责任会计是企业的一种内部会计控制制度。各企业可以根据各自的特点自行设计责任会计制度，但是无论何种类型的企业，都要建立一套科学、合理、有效的责任会计制度，都应遵循以下原则。

1. 目标一致性原则

系统论指出，为了保证系统整体目标的实现，系统内各子系统的目标与系统整体目标必须保持一致。责任中心是企业经营管理的子系统，为了保证企业整体目标的实现，在为各责任中心确定责任预算时，应始终注意与企业整体目标保持一致；在进行责任控制时，同样应注意各责任中心的局部利益是否与企业的整体利益一致。能否有效地防止各责任中心各行其是，是分权管理成功与否的关键，也是衡量责任会计制度可行与否的最重要的标准。

2．可控性原则

对各责任中心所赋予的责任，应以其能够控制为前提。在责任预算和业绩报告中，各责任中心只对其能够控制的指标负责。在考核时，应尽可能排除责任中心不能控制的因素，以保证责、权、利的紧密结合。

3．公平性原则

企业内部各责任中心是互相联系的，在处理相互的经济关系时，应公平合理、一视同仁，才能起到应有的激励作用。在编制责任预算时，应注意各责任中心预算水平的相互协调，避免出现由于内部转移价格制定不当而导致不能体现等价交换的状况；在制定奖惩措施时，也应注意公平合理，使各责任中心都感到目标是公正合理的、可实现的，经过努力完成目标后，所得到的奖励和报酬与付出的劳动相比是值得的，避免因奖惩不公而挫伤企业员工的积极性与创造性。

4．反馈性原则

为了保证企业和责任中心对各自生产经营活动的有效控制，有关负责人需要及时掌握责任执行情况的准确信息，以便对发生的执行差异作出及时、恰当地调整，加强对责任中心的控制，使各自的目标最终得以实现。因此，企业应建立一个良好的记录、报告制度，通过及时编制业绩报告的方式反馈准确的信息，为各层次决策服务，从而更好地发挥责任会计的控制功能。

5．例外管理原则

例外管理原则是一种重点管理原则，要求责任中心抓住主要矛盾和突出问题，对其生产经营过程中发生的重点差异进行分析和控制，对于一般合乎预算或者差异很小的问题可以忽略不计，把主要精力和时间放在超乎常规、差异较大的问题上，达到事半功倍的效果。

二、责任中心的业绩考核与业绩报告

根据企业内部责任单位的权责范围以及业务活动特点的不同，可在企业内部划分三种不同的责任中心，即成本中心、收入中心和利润中心以及投资中心。要根据各类责任中心的特点，确定相应的业绩评价、考核的重点，据此组织实施责任会计。

（一）成本中心的业绩考核与报告

成本中心是指只对其成本或费用承担责任的责任中心，它处于企业的基础责任层次。成本中心的工作成果不会形成可以用货币计量的收入，或其工作成果不便于或不必进行货币计量，而只计量和考核发生的成本和费用，成本中心的职责就是以最低的成本费用按质按量按时完成预定的具体任务。例如，工业企业中的基本生产车间，由于其所生产的产品仅为企业生产过程的一个组成部分，不能单独出售，因而不会形成用货币计量的收入，该部门管理人员仅对其所发生的变动成本和直接固定成本负责。对成本中心工作业绩的评价考核，主要是将一定期间实际发生的成本与其预定的标准进行对比，编制业绩报告，剖析差异形成的原因和责任。

1. 成本中心的基本类型

成本中心可分为两种类型：技术性成本中心和酌量性成本中心。

（1）技术性成本中心。技术性成本又称标准成本，其特点是：这种成本的发生可以为企业提供一定的物质成果，在技术投入量与产出量之间有着密切的关系，如产品生产过程中产生的直接材料、直接人工等。技术性成本中心的典型代表是制造业工厂、车间、工段、班组等。只要能够明确成本与产出之间的关系，这个成本中心就可以被确定为技术性成本中心。

（2）酌量性成本中心。酌量性成本又称费用，其特点是：在技术投入量与产出量之间的关系不明确，如研发费用、广告费用、员工培训费用等。酌量性成本中心适用于企业内部的各种职能部门，如财务与会计部门、人事部门、电脑中心、图书资料室、研究开发部、经理办公室等。

2. 成本中心的业绩考核指标

通常情况下，成本中心不具备经营权和销售权，它的经济成果一般不会形成可以用货币计量的收入。因此，成本中心只以货币形式计量投入，不以货币形式计量产出。

为了明确成本中心的业绩考核指标，必须理解可控成本和非可控成本的概念。具体来说，可控成本必须同时具备以下四个条件：

（1）可以预计，即成本中心能够事先知道将发生哪些成本以及何时发生。

（2）可以计量，即成本中心能够对发生的成本进行计量。

（3）可以施加影响，即成本中心能够通过自身的行为来调节成本。

（4）可以落实责任，即成本中心能够将有关成本的控制责任分解落实，并进行考核评价。

凡是不能同时具备上述四个条件的成本，通常为不可控成本。

成本的可控或不可控是以一个特定的责任中心作为出发点的，这与责任中心所处的管理层次的高低、管理权限及控制范围的大小有直接关系。一方面，成本的可控与否，与责任中心的权力层次有关。某些成本对于较高层次的责任中心来说是可控的，对于其下属的较低层次的责任中心而言则可能是不可控的。另一方面，成本的可控与否，还与责任中心的管辖范围有关。例如产品试制费，从产品生产部门来看是不可控的，而对新产品试制部门来说就是可控的，但如果新产品试制也由生产部门进行，则试制费又成了生产部门的可控成本。

属于某成本中心的各项可控成本之和，称为成本中心的责任成本。成本中心的业绩考核指标通常为该成本中心的所有可控成本，即责任成本。责任成本可以分为预算责任成本和实际责任成本。前者是指由预算分解确定的各责任中心应承担的责任成本，后者是各责任中心从事经营活动实际发生的责任成本。

既然成本中心的业绩考核与评价的对象是责任成本而不是全部成本，那么成本的可控性就应当是确定责任成本的唯一依据。在成本中心的业绩中，应从全部成本中区分出可以控制的责任成本，将其实际发生额与预算额进行比较、分析，揭示产生差异的原因，据此对责任中心的工作成果进行评价。通常成本中心的考核指标可以采用绝对指标和相对指标，即成本（费用）变动额和成本（费用）变动率。

$$\text{责任成本变动额} = \text{实际责任成本} - \text{预算责任成本} \tag{5-1}$$

$$\text{责任成本变动率} = \frac{\text{责任成本变动额}}{\text{预算责任成本}} \tag{5-2}$$

3. 成本中心的业绩报告

成本中心的业绩报告，通常是按成本中心可控成本的各明细项目列示其预算数、实际数和成本差异数的三栏式表格。由于各成本中心是逐级设置的，因此其业绩报告也应自下而上，从最基层的成本中心逐级向上汇编，直至最高层次的成本中心。每一级的业绩报告，除最基层只有本身的可控成本外，其余都应包括本身的可控成本和下属部门转来的责任成本。

成本中心的各级经理人，就其权责范围编制业绩报告并对其负责部门的成本差异负责。级别越低的成本中心，从事的经营活动越具体，其业绩报告涉及的成本项目分类就越详细。根据成本中心的业绩报告，责任中心的各级经理人可以针对成本差异，寻找原因，对症下药，以便对成本费用实施有效的管理控制，提高业绩水平。

（二）收入中心和利润中心的业绩考核与报告

1．收入中心的业绩考核与报告

（1）收入中心的含义。收入中心是指只能控制收入的中心，它不能控制生产成本、销售产品及服务成本，不对责任中心作出的投资决策负责，但一些收入中心可以控制商品销售价格、存货的数量以及打折活动。例如，航空公司的机票预订部门和制造业公司的销售部门就是收入中心。

（2）收入中心的业绩考核指标。考核收入中心的主要指标是该中心的产品销售收入。具体地讲，就是对销售价格差异和销售量差异负责。销售量差异的产生是由于实际销售量与预计销售量不同，而销售价格差异是根据实际销售量计算出来的。

如果收入中心有制定价格的权力，就要对价格差异负责。如果定价决策是由上层管理部门作出的，那么收入中心经理仅对销售量差异以及销售品种构成负责。

考核收入中心的指标还有销售回款率、销售回款平均收款天数、坏账发生率等。

2．利润中心的业绩考核与报告

（1）利润中心的含义。利润中心是指既能控制成本，又能控制销售和收入的责任中心。它不但要对成本、收入负责，而且要对收入与成本的差额（即利润）负责。在一个企业中，利润中心往往处于较高的层次。如分厂、分公司等具有独立经营决策权的各部门。

（2）利润中心的类型。利润中心可分为两种类型：自然利润中心和人为利润中心。

第一，自然利润中心是指可以对外销售产品并取得收入的利润中心，这类中心虽然是企业内部的一个责任单位，但它本身直接面向市场，具有产品销售权、价格制定权、材料采购权和生产决策权，其功能与独立企业相近，最典型的形式就是公司内的事业部，每个事业部均有销售、生产、采购的功能，能够独立地控制成本、取得收入。

第二，人为利润中心是指只对内部责任单位提供产品或劳务而取得内部销售收入的利润中心。这种利润中心一般不直接对外销售产品，而是把产品以合理的内部转移价格在企业内部流转（内部转移价格将在下一节加以介绍）。大型钢铁公司的采矿、炼铁、轧钢等生产部门的产品除了少量对外销售外，主要在公司内部转移，这些部门可以视为人为利润中心。

（3）利润中心的业绩考核指标。对利润中心业绩的评价与考核，主要方法是将一定期间实际实现的利润与预算所确定的预计利润数进行比较，进而对差异形成的原因和责任进行具体剖析。通常以贡献毛益作为业绩评价指标。其计算公式为：

$$贡献毛益=销售收入-变动成本 \tag{5-3}$$

在对利润中心进行业绩评价时，必须正确区分经理业绩与部门业绩。将贡献毛益指标用于责任中心的业绩评价，可引申出利润中心负责人可控利润和利润中心可控利润两个指标。

$$部门经理可控利润总额=部门贡献毛益-该部门经理可控固定成本 \tag{5-4}$$

$$\begin{aligned}部门可控利润=&部门贡献毛益-该部门负责人可控固定成本-\\&该部门负责人不可控但高层管理部门可控的可追溯固定成本\end{aligned} \tag{5-5}$$

式（5-4）和式（5-5）可看作严格意义上的贡献毛益在利润中心业绩评价中的自然延伸，是可控性原则的具体体现。式（5-4）主要用于评价利润中心负责人的经营业绩，因而必须就经理人员的可控成本进行评价、考核。为此，必须在各部门可追溯固定成本的基础上，进一步将之区分为部门经理可控成本和不可控成本，并就经理人员可控成本进行业绩评价、考核。这是因为，有些成本管理可以追溯到部门却不为部门的经理所控制，如广告费、保险费等。部门经理贡献毛益反映的是部门经理对其控制的资源的有效利用程度。式（5-5）则主要用于对责任中心的业绩评价和考核，因而要将部门不可控但高层管理部门可控的可追溯固定成本从贡献毛益中扣除。它反映的是为企业提供利润所作的贡献。

（4）利润中心的业绩报告。利润中心的业绩报告分别列出其可控的销售收入、变动成本、贡献毛益、经理人员可控的可追溯固定成本、分部经理贡献毛益、分部经理不可控但高层管理部门可控的可追溯固定成本、部门贡献毛益的预算数和实际数，并通过将实际数与预算数对比，分别计算差异，据此进行差异调查，分析产生差异的原因。利润中心的业绩报告也是自下而上逐级汇编的，直至整个企业的息税前利润。

（三）投资中心的业绩考核与报告

投资中心是指对投资负责的责任中心。其特点是不仅要对成本、收入和利润负责，还要对投资效果负责。投资的目的在于获取利润，所以投资中心同时也是利润中心，但它又不同于利润中心。利润中心没有投资决策权，只能在投资项目形成生产能力后进行具体的经营活动；投资中心不仅在产品生产和销售上享有较大的自主权，而且能相对独立地运用所掌握的资产，有权购建或处理固定资产，扩大或缩减现有的生产能力。

投资中心是处于企业最高层次的责任中心，具有最大的决策权，也承担最大的责任。一般而言，大型集团所属的子公司、分公司、事业部往往是投资中心。在组织形式上，成本中心一般不是独立法人，利润中心既可以是独立法人，也可以不是独立法人，而投资中心一般是独立法人。

1. 投资中心的业绩考核指标

投资中心考核与评价的内容是利润及投资效果。因此，投资中心除了考核和评价利润指标外，更需要计算、分析利润与投资额的关系性指标，分析反映投资效率与投资效果的指标包括投资利润率、剩余收益和经济增加值。

（1）投资利润率。投资利润率（ROI，亦称投资报酬率），是投资中心所获得的利润与投资额之间的比率，其计算公式为：

$$\text{投资利润率}=\frac{\text{分部经营净利润}}{\text{分部经营资产}} \tag{5-6}$$

这个公式可进一步展开，得：

$$\begin{aligned}\text{投资利润率}&=\frac{\text{销售收入}}{\text{分部经营资产}}\times\frac{\text{分部经营净利润}}{\text{销售收入}}\\&=\text{总资产周转率}\times\text{销售利润率}\end{aligned} \tag{5-7}$$

第一，投资利润率的优点。投资利润率指标广泛运用于考核与评价投资中心的业绩，其优点如下：

投资利润率能反映投资中心的综合盈利能力。从投资利润率的分解公式可以看出，投资利润率的高低与收入、成本、投资额和周转率有关，提高投资利润率应通过增收节支、加速周转和减少投入来实现。

投资利润率具有横向可比性。投资利润率将各投资中心的投入与产出进行比较，剔除因投资额不同而导致的利润差异的不可比因素，有利于将各投资中心的经营业绩进行比较。

以投资利润率作为评价投资中心经营业绩的指标，可以正确引导投资中心的经营管理行为，使其行为长期化。由于该指标反映了投资中心运用资产并使资产增值的能力，如果投资中心资产运用不当，会增加资产或投资占用的规模，也会降低利润。因此，以投资利润率作为考核与评价的尺度，将促使各投资中心盘活闲置资产，减少不合理资产的占用，及时处理过时、变质、毁损的资产等。

第二，投资利润率的缺点。投资利润率作为投资中心的业绩指标得到广泛的应用，但该指标也存在一定的缺点，具体如下：

投资中心经理为了维持现有的投资利润率水平或提高投资利润率，有时会作出次优选择，即倾向于不进行新的投资或尽量少投资。这时投资利润率所反映的投资中心业绩是不真实的，且不利于固定资产的更新和整个企业的长远发展。

使用投资利润率可能会掩盖某些投资中心的真实业绩，并使人们忽视对业绩进行绝对数的评价，从而得出失之偏颇的评价结论。

投资中心可能会放弃高于企业资金成本而低于目前部门投资利润率的投资机会，或者减少现有的投资利润率较低但仍高于企业资金成本的某些资产，使部门的业绩获得好的评价，却背离了企业的整体目标和长远利益。

（2）剩余收益。剩余收益也称剩余利润（RI），是指投资中心的息税前利润减去按企业要求的最低报酬率（或资金成本）计算的经营资产收益后的余额，其计算公式如下：

$$剩余收益 = 经营净利润 - （经营资产 \times 要求的最低报酬率） \tag{5-8}$$

单纯采用投资利润率作为业绩评价指标，投资中心的管理者可能放弃一些投资利润率高于企业资本成本但低于目前投资中心投资利润率的项目，导致投资中心的局部目标与企业整体目标相背离，产生次优选择问题。剩余收益指标弥补了这一缺陷，促使投资中心既能够考虑投资中心的利润，又能兼顾企业的整体利益。

当然，在运用剩余收益指标评价投资中心的业绩时，可以克服运用投资利润率的某些不足。但剩余收益指标不可取代投资利润率指标，因为剩余收益指标自身也存在缺陷。剩余收益指标是一个绝对数，无法在不同规模的责任中心之间进行合理的绩效比较。

总之，在对投资中心进行业绩评价时，ROI 和 RI 这两个指标不可偏废，应相互配合应用。有时还可采用市场地位、产品开发能力、生产效率、存货周转率、应收账款周转率等多种指标加以补充，对投资中心的业绩作出综合评价考核，以免有失公允。

（3）经济增加值。经济增加值（EVA）是指调整后税后净利润与资本（包括股权资本与债务资本）成本之间的差额，其计算公式为：

$$经济增加值 = 调整后税后净利润 -（经营资产 \times 加权平均资本成本） \quad (5-9)$$

剩余收益的计算公式为：

$$剩余收益 = 经营净利润 -（经营资产 \times 要求的最低报酬率） \quad (5-10)$$

通过比较可以发现，经济增加值的计算公式与剩余收益的计算公式非常相似，但是两者存在很多不同之处。经济增加值计算公式中的调整后税后净利润是对公认会计准则的会计利润进行调整后所得到的数值；同样，在对会计准则的会计利润进行调整的过程中，许多调整项都会涉及经营资产的项目，比如研发费用的调整，所以经济增加值中的经营资产也是调整后的经营资产，它与剩余利润中的经营资产在数值上是不同的。经济增加值计算公式中的加权平均资本成本的确定也与剩余收益计算公式中的要求的最低报酬率不同，前者是由权益资本和债务资本成本加权平均所得到的数值。

经济增加值具有剩余收益的优点，同时克服了剩余收益的缺点，尽量剔除了会计信息失真的影响。剩余收益是按照公认会计准则计算得出的，在一定程度上存在信息失真的情况，而经济增加值计算公式中的调整后税后净利润是针对公认会计准则中的缺陷进行调整得出的，减少了对企业真实的经营业绩的曲解。

从本质上看，经济增加值扩展了传统的剩余收益评价方法，其核心理念是资本效率，即资本回报与资本成本的差额。这一理念强调对资本成本（包括股权成本）的扣除，是以股东价值为核心且符合经济现实的理念。这里的资本成本是经济学家所说的机会成本，因此 EVA 也是一个经济利润或经济租金的概念。

经济增加值能将公司的整体利润与分部的业绩紧密联系在一起，避免决策次优化问题。采用经济增加值，由于考虑了权益资本成本，因此可以避免高估分部利润，真实反映公司财富的增加。由于经济增加值是一个绝对值，因此可以避免采用相对值指标带来的决策次优化问题，但是由于资产基数不同，形成的规模差异会造成不同企业或部门的经济增加值产生差距，不能在不同部门之间进行比较。

除了上述考核评价投资中心的指标外，为了弥补上述指标都基于会计利润计算的缺陷（许多理论与实务界人士认为，一个项目投资是否可行，主要是基于现金流量的分析，这在长期投资决策或者资本预算中已经学习过。如果等投资项目完成后再评价它的效果，却都用基于利润的指标，前后显然会不一致），还有两个现金指标——现金回收率和剩余现金流量可以利用，其计算公式如下：

现金回收率＝营业现金流量/总资产（部门资产历史成本的平均值）（5-11）

剩余现金流量＝营业现金净流量－部门资产×资金成本率（5-12）

2．投资中心的业绩报告

投资中心不仅需要对成本、收入和利润负责，而且要对所占用的全部资产（包括固定资产和营运资金）承担责任。投资中心的业绩评价指标除了成本、收入和利润指标外，主要还是投资利润率、剩余收益等指标。因此，对于投资中心而言，它的业绩报告通常包含上述评价指标。

第二节　内部转移定价分析

企业内部各责任中心在生产经营活动中既相互联系又相互独立地开展

各自的经营活动，各责任中心之间经常相互提供中间产品或劳务。为了正确、客观地评价各责任中心的经营业绩，明确经营责任，使对各责任中心的业绩评价与考核建立在客观可比的基础上，从而调动各责任中心的积极性，企业应当为各责任中心之间交换的中间产品或服务制定具有经济依据的内部转移价格。

内部转移价格是指企业组织内部各责任中心之间相互结算或相互转账所选用的一种内部计价尺度。中间产品的转移价格，既是提供方的销售收入，又是接收方的购买成本，将同时影响两个责任中心的经营业绩。

一、内部转移价格的标准与计算公式

（一）合理的转移价格标准

合理的转移价格应该达到以下三个标准。

第一，对经营业绩的评价提供公平、合理的基准。

第二，激励基层经理更好地经营。

第三，促进各责任中心与企业整体之间的目标一致。

运用机会成本法制定转移价格，可以使决策结果既对公司整体有利，又能促进部门提高其生产经营的成效。

（二）转移定价的计算公式

$$转移定价=单位实支成本+单位机会成本 \qquad (5\text{-}13)$$

单位实支成本是指提供中间产品的部门发生的实际成本，包括中间产品的变动成本以及转移过程中发生的成本。单位机会成本是供应方因为将中间产品用于内部转移而放弃的将其用于外部销售所能够获得的利润，它是站在将两个部门看作一个整体的角度，衡量因转移而存在的机会成本，故又称影子价格。产生这一机会成本的条件有以下两个。

第一，中间产品存在竞争性的外部市场，其市场价格可以合理确定。

第二，供应方拥有自由决定产品对内或对外销售的选择权，既可以将中间产品用于外部销售，也可以选择对内销售。

在公司各部门有权决定内部交易或外部交易的情况下，各部门均根据这一转移定价选择对各部门也是对公司整体最为有利的方案。

对供应方来说，它可以据此计算一个最低转移价格，其计算公式为：

最低转移价格＝截止转让时点承担的单位增量或实支成本+供应方单位机会成本 （5-14）

上式中，增量或实支成本是指与中间产品的生产和转让直接相关的现金流出量。机会成本则是指如果中间产品在企业内部转让，供应方会为此而放弃的最大利润。也就是说，根据这一价格，供应方无论是将中间产品对内还是对外销售，其利益都不会受到损失。

对于购买方来说，它也可以计算出一个最高转移价格，其计算公式为：

最高转移价格＝最终产品的市场售价－后续工序加工过程中发生的费用 （5-15）

若购买方以该价格向其他部门购买产品，而不向外单位购入产品，其利益也不会受到损失，或者说其部门利润至少也不会因这一产品的内部转让而减少。

需要特别指出的是，只要供应方的最低价格低于购买方的最高价格，就应该进行产品的内部转移。通过这一方法，既能确保双方都不会因为产品的内部转移而遭受损失，又能体现目标一致的原则。

企业组织的经理人很少会明确规定内部转移价格，只在一定的基础上制定内部转移价格的规则。

二、内部转移价格的类型

“为了更好地改善公司治理和规避经营风险，内部转移定价被许多集团作为应对企业组织形式变化的一种有效战略工具。而在制定转移定价策略时，既要分析外部经济环境，也要考虑内部运营体制，做到内部转移定价模式与发展战略匹配。”[①]在企业组织的经营管理实践中，常见的内部转移价格主要有市场基础转移价格、协议基础转移价格、成本基础转移价格和双重价格四种。与其他管理控制系统一样，内部转移价格的制定，应该有助于企业组织战略与长远目标的有效实施。

（一）市场基础转移价格

市场基础转移价格就是市场价格。

---

① 陈珊．企业内部转移定价模式研究[J]．老字号品牌营销，2022（14）：100．

以市场价格作为内部转移价格，是在假定企业各责任中心都独立自主的基础上，它们可以自由地决定从外界或内部进行购销，而且有一个客观的市场价格可供利用。当产品有完全竞争的市场且卖方无闲置生产能力时，市场价格是理想的内部转移价格，此时买卖双方才能作出与企业目标一致的决策。由于上述假定在现实中往往难以成立，因此在以市场价格作为内部转移价格时，还应遵循以下原则。

第一，除非责任中心有充分的理由说明外部交易更为有利，否则各责任中心之间应尽量进行内部转让，具体表现为：

买方所需产品或劳务应首先从卖方（内部）处取得，但如果对方要价高于市场价格或质量不合要求，则可以“舍内求外”。不过，买方向外购入，会造成卖方生产能力闲置。

卖方的产品或劳务应首先满足买方的需要，但有权拒绝以低于市场价格的转移价格对内供应。

第二，内部转移应不影响利润中心履行其已经签订的对外供销合同。

第三，内部转移一般不需要包装费用、广告费用、运输费用等各种销售费用和有关税金支出，因此作为内部转移价格的市场价格应进行必要的调整，即内部转移价格应是扣除上述费用后的市场价格。

以市场价格作为内部转移价格的显著优点是：在企业内部引进市场机制，造成一种竞争的气氛和压力，使各利润中心努力加强经营管理，最终可通过利润指标来评价考核它们真正的业绩。另外，与外部交易相比，企业内部交易具有节约交易费用，产品质量、交货期易于控制等优点。以市场价格作为转移价格的主要难点在于：各责任中心之间提供的中间产品常常很难确定市价，原因在于市价往往变动很大或没有代表性。在市场价格不能合理确定的情况下，可能导致各责任中心的盈亏失衡。尽管如此，以市场基础转移价格作为内部转移价格仍较适合完全的自然利润中心和投资中心。

（二）协议基础转移价格

协议基础转移价格就是协商价格。

企业各责任中心既然要承担因转移价格带来的经济责任，就应该拥有相应的权力来确定内部转移价格。由买卖双方通过定期协商（谈判）确定的双方都愿意接受的转移价格，即为协商价格。从理论上讲，这种协议基础转移价格可以得出任何一种水准的价格，只要它能被双方同时接受，但实际上协商价格总是在一定的基础上制定的。经常用作协商价格制定基础的是成本加成定价和市场价格，其中较理想的是市场价格。

协商价格可以克服单纯以市场价格作为转移价格的缺点，有利于分权管理。但它也存在下列问题。

第一，责任中心获利能力的大小与谈判人员的谈判技巧有很大关系，往往使协商价格不能真正反映各责任中心的业绩。

第二，在协商中讨价还价，不可避免地要花费很多时间和精力，有时还会因争吵不休而无法取得结果，以致影响部门间的合作。

第三，在各责任中心经理之间协商不成时，往往由企业一级经理作为仲裁者来决定转移价格，因此可能失去分权的意义，更难以起到激励作用。这时仲裁者应秉公而断，但要适可而止，不可裁决一切问题。尽管如此，协议基础转移价格在中间产品有非竞争性市场且部门经理有讨价还价的自由和拥有完全自主权的情况下，还是行之有效的。

（三）成本基础转移价格

以成本为基础形成转移价格是制定转移价格最简单的方法。由于人们对成本概念的理解不同，成本基础转移价格包括多种类型，其中用途较为广泛的成本基础转移价格有以下三种。

第一，标准成本。它是以产品（半成品）或劳务标准成本作为内部转移价格。它适用于成本中心之间的产品（半成品）转移的结算。其优点是将管理和核算工作结合起来，可以避免供应方成本的高低对使用方的影响，做到责任分明，有利于调动供需双方降低成本的积极性。

第二，标准成本加成。它是按产品（半成品）或劳务的标准成本加计一定的合理利润作为计价的基础。当内部交易价格涉及利润中心或投资中心时，可将标准成本加上一定利润作为转移价格。其优点是能分清相关责任中心的责任，有利于成本控制。但需注意的是，加成利润率应由管理层妥善制定，避免主观随意性。

第三，标准变动成本。它是以产品（半成品）或劳务的标准变动成本作为内部转移价格，它能够明确揭示成本与产量的性态关系，便于考核各责任中心的业绩，也有利于经营决策。不足之处是产品（半成品）或劳务中不包含固定成本，不能反映劳动生产率变化对固定成本的影响，不利于调动各责任中心提高产量的积极性。

使用成本作为内部转移价格之后，各责任中心的内部利润实质上是成本节约额，而不再是完整意义上的内部利润，这样人为利润中心就成了成本中心。总之，以成本为基础形成转移价格是一种较简单但不够完善的方法。它主要适用于成本中心互相提供产品和劳务的内部计价和内部结算以及责任成本的内部结转。

（四）双重价格

双重价格是指买卖双方分别采用不同的转移价格作为结算价格，以利于考核各责任中心的业绩。双重价格通常有以下两种形式。

第一，当某种产品或劳务在市场上出现不同价格时，买方采用最低的市价，卖方则采用最高的市价。

第二，卖方按市场价格或协商价格计价，买方则按卖方的单位变动成本计价，由此形成的差额由内部结算中心或会计部门进行调整。

双重价格使企业内部各责任中心在选择内部转移价格时具有一定的灵活性，各相关责任中心所采用的价格并不需要完全一致，可分别选用对责任中心最有利的价格为计价依据，从而有利于更加公平、合理地对企业内部各责任中心的业绩进行评价、考核。

采用双重价格作为内部转移价格仍然有其内在的缺点。实行双重计价将使买卖双方都有较大的贡献毛益，而企业整体实际得到的贡献毛益却要小于各责任中心的贡献毛益之和。这种贡献毛益虚增使各责任中心不易看清它们的经营与企业整体利益的真实联系，从而会放松对成本的严格控制，造成对企业长远利益不利的局面。按双重价格制定内部转移价格，通常在中间产品存在外部市场，卖方有闲置生产能力且单位变动成本低于市价的情况下采用。

第三节 企业社会责任与信息披露

“近几年来，随着我国经济的快速发展，人们对生活水平的要求也不断提高。与此同时，各类环境问题、食品安全问题频发，给社会稳定及居民生命安全带来了严重的负面影响。国家和社会也越来越重视企业未履行社会责任所引发的问题。”[①]本节将重点分析企业社会责任信息披露。

---

① 王琼. 企业社会责任信息披露影响因素研究综述[J]. 中国管理信息化，2023，26（07）：179.

一、社会责任信息披露行为的属性诠释

（一）自然属性

社会责任信息披露被认为是组织向内部和外部利益相关者提供其在经济、环境和社会方面的行为活动和态度全貌的公共报告。社会责任信息披露的自然属性表现为组织机构自发地披露需求的驱动结果，是一种自发自愿行为，而不是一种强制或非强制的力量驱动下的产物，更不是组织为了特定目的，如融资成本、声誉提升等的公关式报告。组织的社会责任信息披露是其在生存发展过程中针对经过社会责任实践而产生的轨迹信息的真实写照。

（二）社会属性

由于现阶段社会制度性的存在，企业等社会组织单元嵌套于一系列从强制性政治监管到较少规范性压力范围内的正式和非正式的规则中。社会责任信息披露的社会属性表现为组织的披露应遵循特定的制度规范，保持合法性的正常存在，是特定条件驱动下的社会行为。在特定的经济市场条件下，社会责任信息披露被赋予特定的历史使命。

由于社会责任信息披露发展存在于特定的社会发展过程，更多地受制于社会意愿而显现社会属性。所以，规制社会属性所引发的不良，甚至恶性蔓延，更大程度地释放自然属性，是一条崎岖漫长的辩证斗争之路。

二、企业社会责任信息披露的发展动因

我国前期理论研究更多地通过利益相关者理论解释社会责任信息披露的现状，实证研究更多地聚集于公司财务绩效、内部治理、规模性质等微观局部因素。但是，这些研究似乎对我国社会责任信息披露不力的动因解释不足。已有学者基于制度理论探讨企业社会责任的制度动因。制度理论为理解组织和制度环境的相互关系和组织对制度的反应方式提供了独特视角。根据制度理论的理念，我国社会责任信息披露的动因可分为制度动因和非制度动因。

（一）制度动因

在我国社会责任信息披露发展过程中，制度推动的效果明显。

从发布的数量看：我国发布社会责任报告的数量趋势与政府相关规定

出台时间的相关关系表明，我国社会责任信息披露的发展更多地体现为制度强有力的推动。

从发布企业的性质看：我国国有性质的社会责任报告明显优于非国有性质。与非国有企业性质不同，国有企业的大股东就是政府，其内部管理、重大决策、高层选聘、晋升激励等会受政府意志的影响。在国有企业中，尤其是中央企业，不仅是报告的数量，而且报告的规范性、报告内容等处于绝对的优势地位。因为构建和谐社会是政府的重要方针政策，中央企业直接受政府的干预更多，其高管的政治寻租动机更强烈，披露社会责任信息的动机也就愈加强烈。

综上，源于我国政府的制度推动，社会责任信息披露的规模开始扩大；国有企业的披露水平显著高于其他企业。

社会责任信息披露的这些发展是我国制度推动的结果，但不局限于这些。与西方发达国家不同，我国企业社会责任信息披露的发展并非完全是企业一种自主行为，更多体现了中央政府的意志。即社会责任信息披露自然属性的流露并不充分，更多的是社会属性的体现。现阶段，在我国社会政治、经济、文化等各类制度和组织模式、社会信息披露需求尚不完善的情况下，通过制度推动不失为一个适合我国国情的有效举措。

（二）非制度动因

除了制度推动，企业的社会责任信息披露行为还会受其他非制度动因的影响。自 2006 年开始，我国一些行业协会先后出台政策指南，积极引导行业内企业规范披露社会责任信息，从而产生了强大的规范压力。同时，为了促进企业规范修正自身的披露行为和运作方式，新闻媒介通过对社会责任信息的报道形成声誉机制和社会舆论监督压力。鉴于这些压力的存在，有些企业以行业内的领导企业、先进企业为榜样，模仿其披露的形式与内容，进行完成任务式的“形式性模仿”。信号理论也指出，行业的规范、媒介的宣传、竞争的压力、社会的监督迫使企业选择积极披露，减少相关利益者对企业社会责任履行情况的怀疑担忧。如果选择不披露，则可能传递企业未按规定履责的负面信息。但是，模仿的行为会造成披露信息价值效用低，信息披露发展缓慢等问题。

所以，对于社会责任信息披露，非制度动因在一定程度上可以促进企业积极披露，但是，应当避免“形式性模仿”，极大地激发企业的内生式披露，建立有效创新的披露奖惩机制和监督机制。

三、企业社会责任信息披露制度法律化

公众对于企业社会责任事件的关注与聚焦，使很多企业逐渐意识到社会责任问题给自身带来的多重影响，开始自发地披露如环境保护、员工保障等社会责任信息，通过编制企业社会责任报告等形式向公众披露企业社会责任承担情况。企业社会责任信息披露作为一种企业承担的社会回应机制，在企业社会责任法律化的反身法规制路径中被广泛使用，但在我国没有法律规定和强制性规范的情况下，企业自愿性的信息披露往往存在着流于形式、报喜不报忧等突出问题，未能有效提高企业社会责任的承担水平，也未充分发挥信息披露的制度价值。下面将基于我国现有的信息披露体系，结合国内外制度规范，探究信息披露制度法律化的路径可能，构建我国企业社会责任信息披露的立法框架。

（一）企业社会责任信息披露制度法律化的必要性和可行性

1．信息披露制度法律化是理论和实践的迫切需要

在加强政务诚信、商务诚信、社会诚信和司法公信建设中，社会诚信就包含企业等组织应当自觉遵守社会道德的意思，而企业社会责任正是社会诚信的一个组成部分。建立健全社会征信体系，褒扬诚信，惩戒失信，将构建守信激励和失信惩戒机制作为社会信用体系建设的三大基础性措施之一。在此背景下，通过建立企业社会责任信息披露制度形成约束手段，反过来强化企业社会责任，扩大社会监督，提高监管效能，最终实现促进社会信用制度建设的目标。贯彻落实企业社会责任信息披露制度对促进社会信用制度建设，形成社会主义市场经济良好秩序具有举足轻重的意义。

企业本质的营利性与社会责任的承担存在一定程度上的冲突，建立恰当的信息披露制度能够使得二者实现平衡。将企业社会责任信息通过法律化途径对外披露，一方面在道德层面由社会舆论的评价形成压力，约束企业自觉承担社会责任；另一方面也保障了利益相关者行使知情和选择权，要求企业进行回应并提升社会责任。在企业社会责任的反身法规制路径研究中，信息披露制度法律化将建立起新的导向型企业社会责任与“企业社会回应机制”，即企业回应社会舆论压力的能力。利益相关者理论认为企业应回应受企业行为影响的社会舆论的期待，由于企业不仅依赖于也影响着大量的团体，因此这些特定团体中的个人或组织应对自己的权力寻租和企业经营对其影响更加注意。

为提高利益相关者管理的有效性，企业必须有相应的机制来识别利益相关者并对其期待进行回应。然而，应当以何种标准回应利益相关者不同的期待呢？利益相关者理论实质上没有解决如何引导企业进行管理的问题。整合社会契约理论继而指出，商业本身具有人工属性，因此任何组织和个人都可以在市场中自由地建立自己的团体规则和行为准则。这一理论对应到企业社会责任的承担和披露。一方面按照企业规章来判断利益相关者以及企业对其义务；另一方面，应当按照法律规范，适用法定标准来承担与披露企业社会责任。但目前我国在这一领域的法律是缺失的，需要通过立法来弥补这一规范上的空白，让企业有法律标准可依，从而才能建立起完善的企业社会责任的社会回应机制。通过具体的信息披露制度立法，可以发挥法律的引导功能，引导企业该做什么，不该做什么。通过正、负两方面的反馈直接影响企业社会责任制度的执行，引导该制度往既定方向完善发展。

证监会修订的《上市公司治理准则》中“应当依照法律法规和有关部门的要求”的规定在当前无疑对应着立法空缺和规范空白。长期的以鼓励企业自发披露为主的低位阶指引性规范体系因缺乏法律上的强制性和一般效力，缺少具体的信息公示内容与形式上的规范性要求，企业社会责任信息披露的实践要求难以得到满足，其作为企业社会回应机制的反身法规制目的难以实现。没有规矩，不成方圆，通过制定行之有效的法律条文对我国企业社会责任信息披露制度进行规制势在必行。

2. 信息披露制度法律化具有坚实的现实基础

（1）企业社会责任信息披露制度的典型立法例。

第一，欧盟。早在 2001 年，为了应对世界经济新形势，欧盟发布欧盟企业社会责任绿皮书，欧盟委员会鼓励各成员国加强对企业社会责任的要求，制定信息披露的法律法规。2014 年欧盟理事会又通过一则大型企业和公众公司应当披露非金融性信息的指令。这一指令适用于雇员人数达到 500 名的大型实体而非全部企业，共涉及约 6000 家公共利益实体（上市公司、银行、保险公司等）或其他被认为涉及重要社会公共利益的实体。根据指令的要求，上述实体自 2018 年开始必须在其年度报告中披露包括环境、社区发展等非财务信息。欧盟在信息披露的方式上允许企业可根据自身情况选择国际、欧盟或本国标准来进行适用，同时规定没有进行相关社会责任信息披露的企业必须做出解释。

第二，英国。英国 1985 年《公司法》强制规定了企业社会责任信息披露，涉及慈善捐款、残疾雇员、雇员咨询、养老金、雇员持股等问题。同时，英国《公司法》还要求企业应当在利润表或者附注中披露以下事项：按照董事会所确定的雇员种类对该财政年度所雇用的各类雇员平均人员数进行的分类；该财政年度已经支付的或将要支付的工资总额、社会保障金和养老金成本。除了强制企业对职工权益方面的社会责任信息进行披露，1985 年《公司法》同样对企业需要在董事会报告中单独披露慈善捐款数额与政治捐款数额作了规定。后来，英国还专门出台了如《企业社会责任政府报告》等多项政策和法规来引导企业履行社会责任，增强企业承担社会责任的意识，搭建起企业社会责任信息披露制度的框架。

第三，法国。法国从国家层面制定了规范企业社会责任信息披露的法律规章，通过立法要求上市公司和大企业披露社会责任信息，企业社会责任信息披露制度具有相当的完备性。法国政府强调企业应当承担社会责任，将之与可持续发展紧密结合，并安排特定的政府部门对此特别负责。2001 年法国颁布《新经济规制法》(以下简称 NRE 法案)，该法案要求上市公司和超过 500 名雇员、超过 1 亿欧元资产总额的大企业必须披露社会责任信息，并于次年增加规定了 30 项具体议题。然而，NRE 法案并没有明确规定企业如果不披露或者不完全披露社会责任信息的情况下应采取何种强制措施，因此该法案并不具有完全的强制性。法国另一个关于环境保护的会议也与企业社会责任信息披露密切相关。2010 年 7 月 12 日的环境政策会议通过了一项环境法案对企业社会责任信息披露提出了新要求：企业需要在信息中明确列举其对社会、环境、可持续发展领域的 42 项指标的具体措施，同时引入“不遵守就解释”的原则，并要求报告应经过第三方独立机构的认证。这一法案对企业社会责任信息披露的强制性要求、内容和形式、制裁措施都进行了规定。

第四，墨西哥。2013 年墨西哥政府通过了《气候变化基本法》，并于 2015 年开始实行。该法明确要求企业应当披露自身碳排放情况。在这一强制性法律规定的影响下墨西哥企业的碳排量披露情况逐年增长。同时，墨西哥证券交易所也增加了一项企业可持续发展指数，要求上市公司必须发布可持续发展报告以获得此指数评级。因此，多数企业为了提高自身竞争力纷纷披露社会责任报告。

第五，美国。美国投资者和利益相关人对于企业的社会责任承担一直格外重视，促使多数企业持续披露可持续发展的相关信息，并在企业年度财务报表中公示社会责任信息。此外，美国证券交易委员会对企业提出了以更严格的方式披露影响气候变化等环境信息的要求，更多企业在进行备案时即选择披露与环境相关的信息。美国的企业社会责任信息披露制度总体上以非营利组织为主导，如美国会计学会规定企业应当在年度报表中披露其在社会责任方面的具体业绩，包括承担社会责任的社会费用、企业活动对社会造成的各种影响、员工权益等。美国可持续会计准则委员会近年来也持续发布不同行业的《可持续性会计准则》，包括不可再生资源消耗、温室气体排放、空气质量、社区关系等方面，这些准则旨在解决环境、社会和治理等方面的问题，并对各行业如何将企业社会责任强制性纳入财务工作给出了具体的建议。

（2）企业社会责任信息披露制度的国内立法基础。与商业领域的其他制度一样，我国企业社会责任披露制度也经历了从无到有，由粗到细的发展历程。出台的规范也从抽象到具体，不断细化完善。关于我国企业社会责任相关内容的记载，最早见于 1993 年我国《公司法》第十四条第一款，其规定：公司从事经营活动，必须遵守法律，遵守职业道德，接受政府和社会公众的监督。对于改革开放以来一直“以经济建设为中心”的中国企业而言，这一规定可谓开了先河，首次在盈利创收之外将社会义务与企业联系到了一起。2002 年之后，企业社会责任的具体规范开始集中出现，相关要求日趋深化，国务院国有资产监督管理委员会、中华人民共和国生态环境部、中国银行保险监督管理委员会等先后出台了企业履行社会责任的指导意见，深交所、上交所亦发布了上市公司社会责任指引，各省、市政府发布的相关通知、指南，各金融系统发布的指导性文件与各行业协会发布的行业性规范文件等更是数不胜数。

我国证监会和证券交易所在努力推动上市公司社会责任信息披露的同时，也对其他企业的信息披露制度的发展作出了很大的贡献。虽然这些指引文件在性质上仍为鼓励性的指导意见，但其内容涉及社会责任制度的建立、定期检查和执行情况，有的甚至具体明确了报告必须包括的内容，如职工保护、环境污染、商品质量、社区关系等方面的建设和执行情况，并分析执行状况是否与指引规则存在差距，若有差距则说明原因、改进措施和安排等。另外《港交所指引（修订版）》规定了“不遵守就解释”原则；深交所发布的《关于做好上市公司 2012 年年度报告披露工作的通知》，明确要求符合“深圳 100 指数”的上市公司披露社会责任报告。由此可见，上市公司证券交易所与证券监管机构针对上市公司的社会责任信息披露逐渐从鼓励倡导升级为强制要求。

我国学界也在一直在密切地关注、研究企业社会责任的信息披露问题，由此形成的著作、论文不计其数。近些年来，中国社会科学院企业社会责任研究中心连续发布《中国企业社会责任研究报告》，并在报告中建立“中国企业社会责任发展指数”这一指标。2017 年，该中心发布《中国企业社会责任报告编写指南（CASS-CSR4.0）》，即为引导企业如何更好地编制以及使用社会责任报告。

在社会责任标准问题上，我国质量监督检验检疫总局、国家标准化管理委员会也已经在国际标准化组织（ISO）的 ISO26000 标准基础上发布了 GB/T36000-2015《社会责任指南》、GB/T36001-2015《社会责任报告编写指南》和 GB/T36002-2015《社会责任绩效分类指引》三项国家标准，并从国家标准角度明确了企业社会责任的核心内容。

这些新标准、新政策在对企业更好地履行社会责任、披露社会责任信息提供指导的同时，也在不同层面对企业提出了更系统、更直接的要求和规范，具有很强的可操作性，为我国企业社会责任信息披露制度法律化打下了坚实的理论和实践基础。

（二）企业社会责任信息披露法律化的制度设计

1. 强制性与自愿性相结合的规范体系

在我国以自愿披露为主的制度体系下，国内企业披露社会责任信息的积极性不高，披露内容不规范，表现出以国有企业披露为主、民营企业披露较少等突出问题。结合前述典型立法例，可以发现促进企业披露社会责任信息的原因是多种多样的，但主要动因存在着共同性，即投资者及利益相关方的重视、政府的强制性法律规定和证券交易所的规范引导。

《港交所指引（修订版）》将社会责任信息分为“环境”和“社会”两大范畴，两大范畴下又有不同层面的“一般披露”和“关键绩效指标”的区分，并对不同范畴的信息披露提出了不同的要求。将两个范畴下所有层面的“一般披露”指标从“建议披露”全部升级至“不遵守就解释”，同时还将“环境”范畴的 12 个“关键绩效指标”也规定为“不遵守就解释”，而“社会”范畴的 8 个“关键绩效指标”仍规定为“建议披露”。“不遵守就解释”则意味着，如果企业没有披露相关指标，则需要在相关报告中审慎解释自己不披露的充分理由。在环境、社会及管治方面，企业被要求必须公示和这三者有关的数据。

由此可见，港交所对上市公司的社会责任信息披露进行了强制性和任意性相结合的规定。首先，要求所有上市发行人必须按年度披露社会责任信息报告，对于披露企业社会责任信息这一行为作出强制要求。其次，根据具体披露的社会责任信息的不同作出分别规定：一方面对所有层面的一般披露责任原则上实施“不披露就解释”的半强制性要求，另一方面又保留了对社会范畴的 8 个关键绩效指标为“建议披露”的任意性规定。这样强制性与任意性规范的结合，既满足了对企业社会责任信息披露的基本要求，又为企业留下了足够的自主决定的空间。

由于我国企业特别是大量民营中小企业目前普遍缺乏践行社会责任的动力和能力，又尚未形成广泛的企业社会责任信息披露与关注的氛围，首先需要通过强制性立法规定，确立企业社会责任信息披露机制，要求所有企业必须按年度进行企业社会责任信息的总结与披露。

同时，对于是否需要将“不遵守就解释”的规则应用于所有的披露指标，则可以根据投资者和社会公众的要求区分不同的企业主体，根据主体的规模大小与行业领域区别规定不同指标披露的强制性与自愿性。例如，上市公司等大型企业履行社会责任的能力更强，涉及的利益相关者也更多，其有能力也有义务承担更多的社会责任，因此可以对这类大型企业作出更严格更全面的指标披露要求；而对于非上市的中小企业来说，它们往往不具有较高的社会责任履行能力，利益相关者也较少，可以更多地进行“建议披露”而非“不遵守就解释”，否则可能将使其背负过重的负担。而就不同行业而言，由于涉及的领域各不相同，企业社会责任信息披露也可以根据领域的不同，实施不同的规定。

例如，对于服装、化工、冶金等传统制造行业或高污染行业，对环境方面的社会责任信息需要进行强制性披露；而对于互联网等依托高新技术、几乎不存在环境污染问题的行业，则可对环境方面的信息披露要求遵循自愿为主的原则。在企业社会责任信息披露制度中，将强制性与任意性规范相结合，既能够适应我国当前经济与社会的发展水平，又能够达到促进企业承担社会责任、增强企业践行社会责任意识的目的。

2. 规范信息披露的内容和形式

企业社会责任信息披露内容和形式的任意性导致了当前信息披露的实质性、可比性、完整性、平衡性都产生了很大的问题。企业社会责任是抽象的概念，其内涵和外延难以确定，但把社会责任信息的内容进行披露，则必须具体化，明确化。因此，法律应对信息披露的内容和形式作出规范性的指导和明确的要求。

我国质量监督检验检疫总局、国家标准化管理委员会在国际标准化组织（ISO）的 ISO26000 标准的基础上发布的 GB/T36000-2015《社会责任指南》、GB/T36001-2015《社会责任报告编写指南》和 GB/T36002-2015《社会责任绩效分类指引》三项国家标准，将社会责任核心内容按照社会责任绩效分为组织治理、人权、劳工实践、环境、公平运行实践、消费者问题、社区参与和发展七大类，但就企业的社会责任而言人权主要体现在劳工实践中，因此笔者建议将披露的内容规定为除人权之外的其他六大项，并在这六大层面下设定若干小类作为具体披露指标。

除对信息披露的具体指标加以明确外，还应当对披露信息的定量分析作出一定要求，明确每个指标的计量口径及方法，并要求企业提供可供横向、纵向比较的数据以及未来将达成的目标。如《港交所指引（修订版）》将超过 50%的关键绩效指标都规定为定量指标。定量指标的规定使得企业必须准备好充分的数据资料，同时有利于加强信息披露内容的可靠性和可比性。例如，对劳工实践、环境、社会慈善、社区参与等采用实物、时间或货币为计量单位，直接以数据作为说明内容。同时，为了实现各个企业社会责任承担情况的横向对比，进而保障信息披露的可比性，披露指标还应当同时以绝对数据和比例数据两种形式进行定量披露。

在对信息披露内容进行规定的基础上，还应当明确企业社会责任信息披露的形式。结合世界各国立法例和实践经验可以发现，独立的综合性报告或登载在公司年度报表中的报告是两种最为普遍的披露形式。我国立法也应当统一规定企业社会责任信息披露报告的名称、格式和披露方式，增强企业社会责任信息的可查阅性和披露的规范性。

3. 建立统一的公示平台与第三方审验制度

建立统一的信息披露平台和第三方机构审验制度对于保障企业信息披露的真实性有着至关重要的意义。

（1）统一的公示平台有利于公众更为便利地了解企业社会责任信息，有利于利益相关人更好地了解企业内部情况。我国企业的社会责任信息披露多为自愿披露，且披露渠道不统一、披露内容不规范，为利益相关者了解企业情况、评价企业社会责任的履行设置了障碍。因此，可以以企业信用信息公示平台为依托，要求企业在统一的公示平台上对企业社会责任信息进行统一披露，从而解决市场信息不对称的难题。

我国《证券法》对于证券信息披露有明确规定，上市公司和公司债券上市交易的公司应当按时向国务院证券监督管理机构和证券交易所报送和公布中期报告和年度报告，同时要求董事、监事、高级管理人员应当保证上市公司所披露的信息真实、准确、完整，并对有虚假记载、误导性陈述或者重大遗漏致使投资者在证券交易中遭受的损失承担责任。与证券信息披露规范相对应，对于企业社会责任信息的披露也应当明确企业自身与董事、监事、高管等人员的责任。例如，规定企业管理层应当提供有关披露是否真实有效的确认和说明，董事会需要对企业披露的社会责任信息真实性负责。如果信息披露资料存在虚假记载、误导性陈述或者重大遗漏，企业自身与企业的董事、监事、高管及其他直接责任人员应当承担相应责任，并承受可能的处罚。

（2）确立第三方机构的审验制度，通过独立专业的第三方对企业社会责任信息披露进行严格的审查评价，形成专门的审验报告并对审验报告的内容负责。根据国务院颁发的《股票发行与交易管理暂行条例》第 57 条规定，上市公司应当向证监会、证券交易所在每个会计年度的前六个月结束后提交中期报告，在每个会计年度结束后提交经注册会计师审计的年度报告。中国证监会发布的《公开发行股票公司信息披露的内容与格式准则第二号〈年度报告的内容与格式〉》中也详细规定了企业年度报告中应披露的内容。而我国的会计审计主要集中于财务信息方面，很少涉及社会责任等非财务信息，因此必须加快推动我国的会计和审计准则的修改完善，制定企业社会责任报告的审验标准。同时，可以通过会计审计将企业披露的社会责任信息进行指数性赋值评价，进而形成企业社会责任指数，真实直观地反映和评价企业社会责任建设情况和信息披露水平。以立法规定企业应当与年度审计报告同步披露经第三方审验的社会责任报告，实现对企业社会责任信息披露的有效监管。

四、完善企业社会责任信息披露的对策

（一）完善企业社会责任信息披露的法律法规

我国相关部门应完善法律法规及政策要求，利用政策红利引导企业披露信息，如税收优惠、金融支持等，调动企业积极性，对披露完善的企业进行物质和精神上的激励，对未披露或未按规定披露的企业给予惩戒，从而营造良好的披露环境，提高企业社会责任信息披露质量。还可以根据行业特点精准施策，制定带有行业特色的披露指南，同时对披露的内容及形式加以规范，提高同行业社会责任信息披露可比性。同时，相关部门也应重视对信息质量的要求，可以要求企业对社会责任信息披露进行第三方鉴证，如进行社会责任专项审计、通过社会责任评级机构进行评估等，从而

促使企业主动提高披露质量。

（二）增强企业披露的意识，完善企业社会责任治理机制

如果企业提高对社会责任信息披露的关注度，将会对投资者对企业的认同感和投资意愿产生正向影响，进而对企业的发展产生积极影响。在市场化进程较高的地区，企业披露的自愿性越高，其权益资本成本越低，说明增强企业披露意识、企业的披露自愿性在一定程度上有利于企业发展。

政府应出台相应强制政策，加强企业披露的义务，第三方评价机构与媒体可通过增加对优秀披露企业的报道与宣传，引导各企业积极参与。同时，也要重视企业高管社会责任思想的树立，使其了解到企业积极履行社会责任有利于企业对风险的管理、有利于企业的治理和长久发展。还可以通过培训、组织论坛等方式增强企业披露意识。国家和社会也应当建立健全企业社会责任信息披露治理机制，设立独立的企业社会责任信息披露的监督评价机构，设定具体的评价指标。促进企业纵向对比自身过往数据，不断提升披露水平，横向对比其他企业的企业社会责任披露机制，取其精华，促进自身发展。同时制定长远战略目标，设立监督、评价和激励机制，提高披露质量，促进企业社会责任信息披露治理机制的完善和发展。

（三）加强对我国企业社会责任信息披露的理论研究

目前企业社会责任在世界范围内不断发展，我国学者应加强对前沿理论的关注与研究，重视国际交流合作，缩小与国际研究的差距。同时，将理论与实务相结合，为企业建立企业社会责任信息披露机制提供建议，为企业在实际操作时遇到的问题提供解决思路和方法、为相关部门制定制度提供建议。学术界应与实务界、职业界、社会公众协同合作，结合我国的市场环境、文化背景、制度环境、企业特点等因素，发展适合我国企业的企业社会责任信息披露机制，共同促进我国企业社会责任信息披露的发展。

（四）充分发挥优秀企业及行业的标杆作用

充分发挥国有企业的标杆作用。国有企业，尤其是中央企业，在披露比例和质量上都优于民营企业，其积极披露企业社会责任信息，充分发挥了国有企业的标杆和带头作用。应继续发挥国有企业的标杆作用，推动民营企业积极履行社会责任，及时披露企业社会责任信息，促进民营企业健康、持续发展，带动民营企业走向国际舞台，激发其无限潜能。通过实施该措施，使民营企业了解企业社会责任信息披露对企业发展的促进作用，

增加民营企业的接受度和执行度。同时，国有企业的高质量和规范性披露，使民营企业有了借鉴和效仿的模板，更利于企业结合自身情况进行披露。

充分发挥制造业的带头作用。从披露企业的行业比重来看，制造业遥遥领先，应为其他行业树立典型，促进其他行业，尤其是文化类行业向制造业看齐，积极履行社会责任并主动进行信息披露。

（五）充分利用大数据技术

在大数据技术广泛应用的今天，企业应利用好社会责任报告和鉴证这个工具。在传统环境中，企业在资本市场、劳动力市场、商品市场等其他场景中产生的碎片化社会责任行为信息与经营行为混合在一起，分离成本高，公众不能直观获得独立的企业社会责任信息。而在大数据环境下，数据提取成本降低，有利于筛选企业的社会责任并保证企业信息的可追溯性。同时，利用大数据技术也可以丰富披露内容、形式和传播路径，拓展传播宽度，增加信息披露的使用价值。第三方鉴证机构则可以利用大数据技术对企业的信息披露进行验证与跟踪，提升鉴证的效率，降低鉴证成本，增强披露可靠性，促进企业社会责任信息披露质量的提升。

（六）发展第三方评估机构力量

近年来，我国出现不少第三方企业社会责任信息披露评估机构，如南方周末等，为我国企业社会责任信息披露提供了质量可靠的评价，为公众更好了解企业的披露质量提供了保证。目前企业社会责任信息披露通过第三方进行鉴证的形式有三种：第三方独立审验、第三方评级和第三方点评。相比较企业自行发布的信息披露，经过第三方鉴证过的报告，其真实性、客观性和可靠性在一定程度上得到了保证，更能得到公众的认可。所以应大力发展和支持第三方评估机构，来保障企业社会责任信息披露的可靠性，提高社会责任信息披露的质量，如行业监管部门或金融机构要求企业的企业社会责任信息披露必须附带有第三方的鉴证意见等。

（七）充分利用媒体舆论引导和监督作用

相较于企业自身的披露，公众更接受独立第三方媒体的披露。媒体的舆论监督作用，会促使企业更注重企业社会责任信息披露的质量和数量问题。所以应引导和鼓励媒体关注企业在信息披露方面的问题，对不履行社会责任的企业进行曝光和持续的跟踪报道，对积极、高质量披露社会责任信息的企业进行报道，增加其知名度、提升企业的影响力和竞争力。

同时，媒体也应关注与自身相关的文化类行业的企业社会责任信息披露状况。目前文化类行业披露数量不足，作为信息的传播者，更应积极做好信息披露工作，发挥自己的正向引导作用。随着“自媒体”时代的到来，社会公众的监督范围更加广泛，所以我们也应重视自媒体对于企业社会责任信息披露的监督作用，提高社会公众的关注度和监督意识，使其主动发现和监督。

企业也可以利用现有的媒介平台，丰富企业社会责任信息的披露形式，如通过微信公众号、微博等平台灵活地披露社会责任信息，扩展披露途径和范围，以适应人们快节奏、碎片化的生活方式，辅助和补充现有较为单一的披露形式。

第六章 企业战略管理会计与成本控制

第一节 企业战略管理会计及其内容

“随着经济全球化的加剧，如何在激烈的竞争中占据优势，顺利实现企业的战略目标至关重要。战略管理会计的出现为企业的财务管理和财务会计信息管理提供了新思维和新方向：将会计信息与企业内部信息相结合，从战略发展的角度分析问题并解决问题，为企业创造价值。”①战略管理会计是管理会计的一个分支领域，旨在将会计和财务管理与战略管理相结合，为企业制定和执行战略提供支持和指导。它强调将财务信息与战略目标和决策相结合，以帮助企业管理者制定战略、评估绩效和作出决策。

一、战略管理会计的目标

正确的目标是系统良性循环的前提条件。战略管理会计的目标对战略管理会计系统的运行也具有同样意义。战略管理会计的目标可以分为最终目标和具体目标两个层次。

（一）战略管理会计的最终目标

战略管理会计的最终目标应与企业的总目标具有一致性。传统管理会计的最终目标是利润最大化。利润最大化虽然能够使企业讲求核算和加强管理，但是，它不仅没有考虑企业的远景规划，而且忽略了市场经济条件下最重要的一个因素风险。为了克服利润最大化的短期性和不顾风险的缺陷，战略管理会计的目标应立足于企业的长远发展，权衡风险与报酬之间的关系。自 20 世纪中期以来，多数企业把价值最大化作为自己的总目标，因为它克服了利润最大化的缺点，考虑了货币时间价值和风险因素，有利于社会财富的稳定增长。企业价值是企业现实与未来收益、有形与无形资产等的综合表现。因此，企业价值最大化也就是战略管理会计的最终目标。

---

① 何为．战略管理会计在企业管理中的应用研究[J]．中小企业管理与科技，2022（16）：98-100．

（二）战略管理会计的具体目标

战略管理会计的具体目标主要包括四个方面：协助管理者确定战略目标；协助管理者编制战略规划；协助管理者实施战略规划；协助管理者评价战略管理业绩。

1．协助管理者确定战略目标

战略管理会计通过对外部环境和内部资源的分析，为管理者提供决策依据，帮助他们确定组织的战略目标。这包括了对市场趋势、竞争对手、行业发展等因素的研究，以及对内部资源和能力的评估，以找到组织在竞争中的优势和定位。

2．协助管理者编制战略规划

战略管理会计在制订战略规划方面起到重要作用。通过提供相关的财务和非财务信息，协助管理者制订战略规划，包括制订长期目标、中期计划和年度预算。帮助管理者预测未来的财务表现，评估资源需求，制订资本投资计划等，以支持战略目标的实现。

3．协助管理者实施战略规划

战略管理会计在战略规划的实施过程中提供支持。通过跟踪和监控关键绩效指标，为管理者提供有关实施进展的信息。战略管理会计还可以帮助管理者制定绩效评价体系，激励员工实施战略规划，并提供决策支持，以确保战略目标的顺利实现。

4．协助管理者评价战略管理业绩

战略管理会计还负责评估战略管理的绩效。通过比较实际绩效与预期绩效，评估战略规划的成果和效果。战略管理会计可以提供各种指标和报告，帮助管理者了解企业的财务状况、市场表现和竞争优势，以及战略规划的有效性。这些评估结果可以为管理者提供改进和调整战略的依据。

总之，战略管理会计通过与战略管理的结合，为管理者提供全面的财务和非财务信息，协助他们确定战略目标、制订战略规划、实施战略规划，并评估战略管理的绩效，以实现组织的长期竞争优势和可持续发展。

二、战略管理会计的特征

（一）开放系统的特征

传统的管理会计主要针对企业内部环境，如提供的决策分析信息主要依据企业内部的生产经营条件，业绩评价主要考虑本身的业绩水平等，因此构成一个封闭的内部系统。战略管理会计要考虑市场的顾客需求及竞争者实力，这种市场观念表现为管理会计信息收集与加工涉及面的扩大及控制视角的扩展，如战略决策分析要考虑顾客需求和竞争者信息，成本控制要扩展到产品的整个生命周期，而且在标准制定、业绩评价中也要考虑同行业的平均或先进水平，等等。从这方面说，市场观念使管理会计的视角由企业内部拓展到企业外部。

战略管理所倡导的市场观念的核心是以变应变，在确定的战略目标要求下，企业的经营和管理都要适应动态市场的需要及时进行调整。这种"权变"的管理思想对管理会计的方法体系同样产生了深远的影响，它要求管理会计必须改变传统分析中诸多的静态假设，在变动的外部环境条件下进行各项决策分析。战略管理会计所具有的开放性，缩小了管理会计模型和实际环境之间的差距，增强了管理会计信息的相关性和准确性。

（二）企业管理的整体视角

战略管理强调战略目标的合理确定，并从企业管理的各个环节和各个方面来保证其最终实现。这种整体观念有利于增强企业内部的协调运作，增强内部组织间的目标一致，减少内部职能失调。这就要求管理会计的控制不能仅仅停留在对结果的分析，而且要通过过程的控制将企业生产经营的各个环节都和企业整体目标相联系，以过程的控制实现对结果的影响和保证预期结果的实现。近年来发展起来的作业成本法、生命周期成本法将分析的视角由结果追溯到与产品价值相关的各个环节，撬开了在传统的管理会计分析中视为"黑箱"的生产经营过程，充分体现了战略管理会计将结果控制与过程控制相结合的特征。这一发展趋势使管理会计系统更多地融入企业的生产经营活动全过程，具有更多的非财务性质。因此，不仅要求管理会计人员和技术、生产、管理各领域人员密切配合，而且对管理会计人员的知识结构有了更高的要求。

（三）动态系统特征

企业战略目标的确定是和特定的内外部环境相适应的，在环境发生变化时还要相应地作出调整，因此，战略管理是一种动态管理。处于初创期、发展期、成熟期或衰落期等不同发展阶段的企业，必然要采取不同的企业组织方式和不同的战略方针，并且要根据市场环境及企业本身实力的变化相应地作出调整。

例如，比较处于发展期和处于成熟期的企业，前者可能注重营销战略，以迅速占领市场，企业组织相应较为简单，内部控制较为松散；后者一般规模较大，组织结构复杂，面对的是成熟的市场，因此必须通过加强内部控制来降低成本、增强竞争优势，同时注重新产品的开发。这种与企业组织发展阶段相对应的战略定位又必然随着企业由发展期向成熟期过渡而作出调整。与企业组织发展阶段相对应的战略定位及其动态调整，必然要求管理会计系统不仅能够适应特定阶段的战略管理要求，而且能及时地作出调整。这种动态系统的特征在满足战略管理会计对管理会计系统的要求的同时，也对管理会计人员的环境认知能力及系统设计能力提出了更高的要求。

（四）个性特征

战略目标的确定、实施和实现过程，实际上是企业文化的发现、创造过程。企业战略目标、实施方案等的确定及其确定方式，不仅要考虑现有的企业文化，而且要主动地创造企业文化。

例如，企业战略目标的确定可以采用“自上而下”或“自下而上”的方式，这两种方式的选择首先受到现有企业文化的制约。较多地讲究民主管理的企业可能选择后者，而长官意志起主要作用的企业可能选择前者。企业也可能在这一过程中并未确立明显和强烈的文化特征，但后来改变了原有的文化氛围，创造了全新的企业文化。

战略管理中这种企业文化的确立和创造必然对管理会计控制系统的设计带来重要影响，促使管理会计的系统设计更多地考虑人的因素，以适应本企业战略管理所需要的文化氛围，有效地实现其过程控制。例如，企业预算编制程序的选择，不仅要考虑企业战略管理中所形成的企业文化，而且在此过程中要进一步加强这种特征，由此形成的管理会计系统必然带有更强的个性特征。

（五）合法性、科学性和艺术性相结合特征

与战略有相关性的信息，是以外向型为主体的多样化信息。这种类型的信息，可从企业外部多种渠道获得，如公开的财务报告、竞争对手广告、行业分析报告、贸易金融报道、政府统计公告、银行金融市场、商品市场、产品技术分析、竞争对手的前雇员、行业协会、竞争对手团体中的其他成

员、实地考察、本企业雇员、行业专家顾问、共同的顾客、共同的供应商等，实际上相关的多样化信息来源是不胜枚举的。即使在公开出版的报纸、杂志图书等出版物中，也包含了大量相关信息资源的原始材料，必须把它们视为极为重要的信息宝藏。

多样化的信息收集，可以由企业的信息机构和人员去做，也可以委托企业外部专职化管理咨询机构去做。同时，应注重第一手材料的掌握，以增强对有关信息源的洞察与感悟能力，这对提高相关信息的决策有用性是非常重要的。此外，还可直接运用当代先进的科学技术，为采集多样化的信息服务。例如，请相关的技术专家拆解竞争对手的产品，借以较详细、深入地了解其结构和功能及其整体上独特之处。又如，请物流专家研究竞争对手的物流运作情况，借以判断其生产经营的盛衰情况，以便采取相应的对策等。

通过多样化的方法和手段所取得的多样化的信息资料，只属于原始性的材料，并不直接具有战略的相关性与有用性。这是因为它们表现为既数量庞大、形式多样，又杂乱无章，只有以科学的态度、灵活的技巧，对它们作进一步的筛选、加工、分类和整理，通过去粗取精、去伪存真，既反映社会的物质层面，又反映社会的精神层面。这一过程可简称信息的处理过程。它所取得的成果是信息处理人员科学精神和艺术修养相结合的。

三、战略管理会计的内容

“随着经济全球化进程深入，我国众多企业都参与到了国际竞争中。国际经济环境复杂多变，战略管理会计的建立适应了企业经营发展的需要。”[①]战略管理会计的主要内容应包括以下五个方面。

（一）战略目标制定

战略管理会计首先要协助高层管理者制定战略目标。企业的战略目标可以分为三个层次，即公司战略目标、竞争战略目标、职能战略目标。公司战略目标主要是确定经营方向和业务范围方面的目标。竞争战略目标主要研究的是产品和服务在市场上竞争的目标问题，需要回答基本问题：企业应在哪些市场竞争，要与哪些产品竞争，如何实现可持续的竞争优势，其竞争目标是成本领先还是差异化，是保持较高的竞争地位还是可持续的

① 肖炳峰. 战略管理会计在企业中的应用分析[J]. 中国中小企业，2021（09）：106-107.

竞争优势。职能战略目标所要明确的是，在实施竞争战略过程中，公司各个部门或各种职能应该发挥什么作用，达到什么目标。战略管理会计要从企业外部与内部搜集各种信息，提出各种可行的战略目标，供高层管理者选择。

（二）战略成本管理

成本管理是管理会计的重要内容之一。它是一个对投资立项、研究开发与设计、生产、销售进行全方位监控的过程。战略成本管理主要是从战略的角度来研究影响成本的各个环节，从而进一步找出降低成本的途径。作业影响动因，动因影响成本。成本动因可以分为两大类：一类是与企业生产作业有关的成本动因，如存货搬运次数；另一类是与企业战略有关的成本动因，如规模、技术、经营多元化、全面质量管理以及人力资本的投入。对于作业成本动因而言，战略成本动因对成本的影响更大。因此，从战略成本动因来进行成本管理，可以避免企业日后经营中可能出现的大量成本浪费问题。一般来说，企业可以通过采取适度的投资规模、市场调研、合理地研究开发策略等途径来降低战略成本。

（三）经营投资决策

战略管理会计是为企业战略管理提供各种相关、可靠信息的。因此，它在提供与经营投资决策有关的信息的过程中，应克服传统管理会计所存在的短期性和简单化的缺陷。它应以战略的眼光提供全局性和长远性的与决策相关的有用信息。为此，战略管理会计在经营决策方面应摒弃建立在划分变动成本和固定成本基础上的本量利分析模式，采用长期本量利分析模式。

长期本量利分析是在企业的产品成本、收入与销售量呈非线性关系，固定成本变动及产销量不平衡等客观条件下，来研究成本、业务量与利润之间的关系。其关键是应用高等数学、逻辑学建立成本、业务量与利润之间的数学模型与关系图，从而确定保本点、安全边际等相关指标，进行利润敏感性分析。

在长期投资决策方面，应突破传统的长期投资决策模型中的两个假定：一是资本性投资集中在建设期内，项目经营期间不再追加投资；二是流动资金在期初一次垫付，期末一次收回。把资本性投资与流动资金在项目经营期间随着产品销量的变化而变动的部分也考虑在内，此时的现金流量与传统的现金流量有所不同，是将现金流量折现得出的企业长期投资的预期净现值。战略管理会计以现实的现金流量为基础，更能反映企业投资的实际业绩，为企业注重持续发展提供有用的信息。

（四）人力资源管理

人力资源管理是企业战略管理的重要组成部分，也是战略管理会计的重要内容。它包括为提高企业和个人绩效而进行的人事战略规划、日常人事管理以及一年一度的员工绩效评价。前者主要是人员招聘和员工培训方面的规划。战略管理会计的核心是以人为本，通过一定的方法和技能来激励员工，以获取最大的人力资源价值，并采用一定的方法来确认和计量人力资源的价值与成本，进行人力资源的投资分析。

（五）风险管理

企业的任何一项行为都带有一定的风险。企业可能因冒风险而获取超额利润，也可能会招致巨额损失。一般而言，报酬与风险是共存的，报酬越大，风险也越大。风险增加到一定程度，就会威胁企业的生存。由于战略管理会计着重研究全局的、长远的战略性问题，因此，它必须经常考虑风险因素。其对风险的管理主要是在经营与投资管理中采用一定的方法，如投资组合、资产重组、并购与联营等方式分散风险。

第二节　实施企业战略管理会计的基本方法

“战略管理会计作为更具先进性的会计管理模式，在企业中进行应用能够更科学地为企业判断外部环境，提高决策的科学性，助力于企业整体市场竞争力的提升。”[①]为了使战略管理会计理论在企业会计实践中得到成功的应用，还需要有一定的方法加以保证。

一、作业成本法

作业成本法是一种自 20 世纪 80 年代以来逐渐发展的成本计算方法，旨在适应制造环境的变化。它基于以作业为基础的信息加工系统，侧重于

---

① 林宏丽. 战略管理会计在企业应用中的优化策略[J]. 北方经贸，2023（04）：118-120+156.

分析成本的动因，并根据资源耗费的因果关系进行成本分析。

作业成本法首先将成本按照作业对资源的耗费情况分配到成本对象，这有助于克服传统成本计算系统中间接费用责任不清的缺陷。以前许多不可控的间接费用在作业成本系统中变得可控。通过将成本与具体作业相关联，作业成本法提供了更准确的成本信息，使管理者能够更好地了解不同作业的资源消耗情况，以便作出明智的决策。

作业成本法还扩大了成本核算的范围，包括了更多的成本项目。传统的成本计算系统可能只关注直接材料和直接人工成本，而忽视了许多间接费用。然而，作业成本法通过将这些间接费用与作业相关联，提供了更全面的成本核算，更好地反映了实际成本。

其次，作业成本法改进了成本分摊的方法。传统的成本计算系统可能使用简单的分摊率进行费用分摊，忽视了资源耗费的差异性。而作业成本法考虑了作业对资源的不同消耗程度，采用更为精确的成本分摊方法，提供了更可靠的成本信息。

作业成本法的另一个优点是及时提供相对准确的成本信息。由于成本与作业紧密相关，作业成本法能够及时收集和处理成本数据，提供实时的成本信息。这使得管理者能够更好地监控成本，及时采取必要的措施进行成本控制和调整。

最后，作业成本法改进了业绩评价标准。传统的成本计算系统可能只关注成本控制和利润分析，而忽视了作业绩效的评估。作业成本法通过跟踪和分析每个作业的成本和效益，提供了更全面的业绩评价标准，使管理者能够更好地了解每个作业的贡献和效率。

综上所述，作业成本法在适应制造环境变化的背景下应运而生，并取得了显著的优势。它通过基于作业的成本分析，解决了传统成本计算系统中间接费用责任不清、成本范围有限、成本分摊不准确等问题，提供了更准确、全面和及时的成本信息，优化了业绩评价标准，帮助管理者更好地控制成本、提高效率和作出决策。

二、产品生命周期法

产品生命周期理论认为，任何产品从最初投放市场到最终退出市场都是一个有限的生命过程。这一过程可由几个明显的阶段加以区分，分别为产品投放期、增长期、成熟期和衰退期。追踪某一产品的销售历史可以看出，产品的生命周期可以用 S 形曲线描述出来。随着产品沿着生命周期曲线的移动，单位利润也发生变化。在产品投放前期，因其尚未被人接受，单位利润为负数；随着对产品接受程度的提高，单位利润迅速上升；而过了成长期，随着竞争的加剧，单位利润开始逐渐下降，直至退出市场。

在不同的阶段，企业会面临不同的机会和挑战，因而需采取相应的战略。产品生命周期可以很好地指导企业的战略成本管理。例如，在投放期和成长期，应以创业为使命，努力提高市场占有率。在成熟期，应以维持为使命，以保持企业现有的市场份额和竞争地位。在衰退期，则应以收获为使命，力争短期利润和现金流入的最大化，甚至牺牲部分市场份额。

三、增长率份额矩阵

增长率份额矩阵是一种经典的战略管理工具，也被称为波士顿矩阵或BCG矩阵。该矩阵用于评估和管理组织的业务组合，并为不同业务单元提供战略建议。

增长率份额矩阵基于两个维度：市场增长率和市场份额。它将不同业务单元（产品线、品牌、部门等）划分为四个象限，每个象限代表了不同的战略方向。

第一，明星象限。明星象限中的业务单元具有高市场增长率和高市场份额。它们在快速增长的市场中占据主导地位，并具有较高的收入和利润潜力。管理者应该投资和支持这些业务单元，以进一步加强其市场地位，并实现长期的利润增长。

第二，问题儿童象限。问题儿童象限中的业务单元具有高市场增长率，但市场份额较低。它们在新兴或竞争激烈的市场中面临挑战，但具有潜力成为未来的明星。管理者需要考虑是否增加投资以提高市场份额，或者考虑退出市场。问题儿童可能需要更多的研发和市场推广来实现增长。

第三，现金奶牛象限。现金奶牛象限中的业务单元具有相对低的市场增长率，但具有高市场份额。它们在成熟市场中占据主导地位，并为组织稳定地产生现金流入。管理者应该保持现金奶牛的稳定利润，并考虑将其利用于其他高增长业务的投资。

第四，狗象限。狗象限中的业务单元具有低市场增长率和低市场份额。它们在成熟市场中表现平庸，难以实现盈利。管理者需要评估是否继续支持这些业务单元，并考虑进行业务整合或退出市场。

增长率份额矩阵的目标是为管理者提供有关业务单元的战略决策建议。通过将业务单元放置在不同的象限中，管理者可以识别明星业务、问题儿童、现金奶牛和狗，并采取相应的行动来优化业务组合，实现长期的业绩增长和市场竞争优势。

四、价值链分析

价值链分析分为横向价值链和纵向价值链两种。

从横向角度来看，企业行为分成 9 种相关的活动，包括一般管理、人力资源管理、技术发展、采购、内勤、经营、外勤、营销和服务。价值链上的每项活动都有着自身的经营成本和资产，因此，每项活动的成本要受到所分配的资产数量和使用效率的影响。为分别考察每种活动的成本效益状况，应将资产和成本分配到这些活动中，并确定每项活动的成本动因，将其影响予以数量化，以揭示各种成本动因的相对重要程度。同时，为了衡量企业的成本竞争地位，还应将上述分析运用到竞争对手身上。如果企业价值链上所有活动的累计总成本小于竞争对手的成本时，就具有了成本优势。而这种优势若能得以保持，使得竞争对手无法轻易模仿，才具有战略上的意义。

从纵向角度来看，将整个行业的价值活动分解成一系列相关的战略活动。这往往会超越任何一个企业的经营范围。例如，可以将造纸行业分成木材种植、砍伐、纸浆生产、造纸、加工、销售等价值活动。通过这一分析，可以深入理解成本性态以及各个阶段产生差异的原因，从而确定企业由目前的位置沿着价值链向前或向后延伸是否有利可图，以提高整体的盈利水平。

五、竞争对手分析

当代竞争战略是建立在与竞争对手对比的基础上，不能准确地判断竞争对手就无法制定可行的竞争战略。企业要取得竞争优势，就要了解竞争对手、分析竞争对手。

分析竞争对手，应明确谁是竞争对手。企业实际的和潜在的竞争对手包括向目标市场提供相似产品或服务的企业、经营具有相互替代性的产品或服务的企业、在市场上试图改变或影响消费者的消费习惯和消费倾向的企业等。对第一类竞争对手，由于产品的性能相同而且基本稳定，因此可将其作为主要竞争对手进行分析，其中又以最具竞争力的对手为主。

分析竞争对手的价值链是确定竞争对手在竞争中相对地位的基本工具。在明确所要分析的竞争对手之后，分析的重要步骤是识别竞争对手的价值链，判断竞争对手是怎样进行价值活动的。对竞争对手的价值链分析与对自己价值链的分析过程相同。

在实践中，由于没有竞争对手的直接信息，要估计竞争对手的价值链和成本通常极为困难，因此就需要采用一定的方法取得竞争对手的直接信息。具体做法有：评估竞争对手在公开市场购买中间产品的相对成本差异；根据汇率的相对变动判断海外竞争对手的成本变动趋势；根据竞争对手生产场所的地理位置和销售渠道计算其在特定市场的销售成本；根据竞争对手的技术装备判断竞争对手的生产效率；根据竞争对手的生产能力和市场份额判断竞争对手的生产能力利用率；通过与竞争对手的分销商、供应商以及其他人士交谈来评估竞争对手某些价值活动的成本；根据竞争对手公开的财务报告、行业分析报告、内部刊物等资料提供的数据对竞争对手的成本和价值链情况作出判断。另外，也可以委托专门的咨询服务公司调查评估竞争对手。

六、预警分析

预警分析是一种管理方法，旨在预测可能会对企业竞争地位和财务状况产生影响的潜在因素，并提醒管理部门注意这些因素。这种分析方法的目的是使管理部门在不利情况发生之前采取预防措施，解决潜在问题，从而增强企业的竞争力。

预警分析可以分为外部分析和内部分析两个方面。

外部分析主要关注企业所面临的市场状况和市场占有率等外部因素。通过对行业特点和竞争状况进行细致的分析，管理部门可以预测市场的变化趋势，例如市场需求的变化、竞争对手的策略调整等。这些预测可以帮助企业在市场变化之前作出相应的调整，避免错失机会或受到市场冲击。

内部分析主要关注企业内部的因素，例如劳动生产率、机制运转效率和职工队伍稳定性等。通过分析企业内部的运营状况和员工情况，管理部门可以预测出潜在的问题和风险，例如生产效率下降、管理体系失灵或人力资源流失等。这样的预警分析可以帮助企业及时采取措施，解决问题并保持业务的稳定性。

显然，具备熟练预测内外部环境变化能力的企业将拥有较大的竞争优势。预警分析可以帮助企业提前识别和应对潜在的风险和机遇，使企业能够迅速调整战略、改进业务和资源配置，并在竞争激烈的市场中脱颖而出。

通过积极采取预防措施，企业可以降低经营风险，增加收益，并确保持续的竞争优势。

七、质量成本分析

企业竞争能力的一个重要方面是产品质量。许多企业采取全面质量管理的方法来提高产品质量。质量成本分析是一种方法，用于对产品从研制、开发、设计、制造到售后服务的整个生命周期内的质量成本进行分析。它主要关注质量成本的四个部分，即预防成本、鉴定成本、内部质量损失和外部质量损失。通过全面了解与质量相关的成本信息，管理者可以进行正确的质量成本管理和控制，从而改变传统管理会计中“重视产量而轻视质量”的观念。

质量成本分析的四个部分如下。

第一，预防成本。预防成本是为了防止质量问题在产品生命周期的早期阶段出现而发生的成本。它包括质量规划、培训、质量标准制定和供应商评估等活动的成本。通过投入适当的资源和精力来预防质量问题的发生，企业可以降低后续的质量成本。

第二，鉴定成本。鉴定成本是为了发现和识别产品质量问题而发生的成本。它包括检测、测试、检验和质量审查等活动的成本。通过及时检测和鉴定质量问题，企业可以迅速采取措施进行修正，从而减少进一步的成本损失。

第三，内部质量损失。内部质量损失是由于产品在内部流程中出现质量问题而导致的成本损失。它包括废品、返工、报废、生产停机等的成本。通过降低内部质量损失，企业可以提高产品质量、减少资源浪费，并提高生产效率。

第四，外部质量损失。外部质量损失是由于产品在市场上使用过程中出现质量问题而导致的成本损失。它包括售后服务、保修、退货、索赔等的成本。通过降低外部质量损失，企业可以保护品牌声誉、提高客户满意度，并减少售后成本。

通过质量成本分析，企业能够全面了解与质量相关的成本，将质量管理纳入战略管理会计的范畴。这有助于管理者更好地评估产品质量对企业竞争能力的影响，并采取适当的措施来提高产品质量，降低质量成本，增强竞争优势。同时，这也有助于改变管理者传统的观念，将质量视为企业成功的关键要素，而不仅仅关注产量和财务指标。

第三节 企业战略管理会计视角下的成本控制

在企业战略管理会计的视角下，成本控制是一个关键的方面。成本控制旨在通过有效管理和监控企业的成本，以支持企业实现其战略目标。以下是一些企业战略管理会计视角下的成本控制的重要考虑因素。

一、成本驱动的战略

企业战略管理会计是一种管理会计方法，旨在将成本管理与企业的战略目标紧密结合起来。它强调在制定和执行企业战略时，成本控制应该与企业的战略定位相一致，以确保资源的正确配置，并支持企业在市场上的竞争优势。

首先，企业战略管理会计的核心是将成本管理与战略规划相结合。这意味着企业在确定战略目标和制订战略计划时，需要考虑成本因素。管理会计师通过对企业内外部环境进行分析，识别出战略目标所需的资源，并评估这些资源的成本。这有助于确保企业能够在资源有限的情况下，将资源分配到最具战略意义的领域，从而提高整体绩效。

其次，成本控制在企业战略管理会计中起着重要作用。成本控制是指在企业的经营过程中，通过合理的成本管理手段来控制和降低成本的方法。在战略管理会计中，成本控制应与企业的战略定位相一致。这意味着企业需要根据其所选择的战略方向来确定成本控制的重点。例如，如果企业的战略是以低成本为竞争优势，那么成本控制的重点将放在寻找成本节约的机会、提高生产效率和降低运营成本等方面。

此外，企业战略管理会计还注重资源的正确配置。资源包括资金、人力、物资等。在制定战略时，企业需要合理配置这些资源，以支持战略的实施。管理会计师通过成本分析和绩效评估，确定哪些资源是关键的，应该得到优先考虑。这有助于企业将资源集中投入到最具战略意义的活动中，提高资源利用效率，增强竞争优势。

最后，企业战略管理会计的目标是支持企业在市场上的竞争优势。通过将成本管理与战略目标紧密结合，企业可以更好地了解自身的成本结构，优化资源配置，降低成本，提高效率。这有助于企业降低产品或服务的价格，增强市场竞争力。同时，战略管理会计还可以为企业提供决策支持，帮助企业在市场上抓住机遇，应对挑战，实现可持续发展。

二、成本效益分析

成本效益分析是企业战略管理会计中的一项重要工具，用于评估企业的投资和决策。

它通过比较成本和效益来确定企业所做的投资是否具有经济合理性，并为成本控制提供有针对性的建议。

在成本效益分析中，成本是指企业在实施某个项目、产品线，或创建业务部门时所需的资源支出，包括直接成本（如原材料成本、人工成本）和间接成本（如设备折旧、运营费用）。效益则是指由这些投资所带来的回报，可以是直接的经济效益（如销售收入、利润增长），也可以是间接的非经济效益（如品牌声誉、市场份额增加）。

成本效益分析的过程包括以下步骤。

第一，确定分析的范围和目标。明确要进行成本效益分析的项目、产品线或业务部门，以及分析的目标和关注点。这有助于确定所需的数据和评估指标。

第二，收集数据。收集相关的成本和效益数据。成本数据可以来自企业的会计系统或其他记录，而效益数据可能需要进行市场调研、顾客反馈等方式获取。确保数据的准确性和完整性非常重要。

第三，评估成本。对所选项目、产品线或业务部门的成本进行全面评估。这包括直接成本和间接成本的计算，可以使用不同的成本分配方法（如直接成本法、活动基础成本法）来分配共享成本。

第四，评估效益。评估所选项目、产品线或业务部门的效益，包括经济效益和非经济效益。经济效益可以通过估计销售额增长、成本节约等来衡量，而非经济效益可能需要进行定性分析和主观判断。

第五，比较成本和效益。将成本和效益进行对比，计算投资的回报率或成本效益比。这可以帮助决策者判断投资是否具有经济合理性，并对不同的选择进行排序和比较。

第六，提出决策建议。基于成本效益分析的结果，提出针对性的决策建议。决策建议包括投资决策、资源分配、成本控制措施等方面的建议，以最大限度地提高企业的绩效和效益。

需要注意的是，成本效益分析并非单一决策的唯一依据，还需要考虑其他因素如风险、市场前景、战略目标等。此外，成本效益分析的结果也需要及时更新和审查，以适应不断变化的市场环境和业务需求。

三、目标成本管理

目标成本管理是一种管理方法，旨在在产品或服务的开发过程中，通过设定目标成本并在整个产品生命周期中管理和控制成本，以满足市场需求并实现预期利润。

目标成本管理的核心思想是将成本控制的关注点放在产品的早期设计阶段，这是产品生命周期中最具影响力和决策性的阶段。在这个阶段，产品的特性、功能、材料和生产工艺等关键方面被确定。通过早期的成本控制，目标成本管理旨在避免在后期生产和运营阶段出现成本超支的情况。

以下是目标成本管理的主要步骤和原则：

第一，确定市场需求和目标利润。根据市场需求和预期利润，确定产品的定价目标。这有助于制定合理的目标成本，使产品在市场上具有竞争力。

第二，分解目标成本。将目标成本分解为不同的成本元素，如材料成本、劳动力成本、制造成本、研发成本和销售成本等。这有助于更好地理解和管理不同成本的来源和影响因素。

第三，设定目标成本。基于产品的特性和市场需求，设定适当的目标成本。目标成本应该是可行的、合理的，并与预期利润相一致。

第四，早期成本控制。在产品设计和开发的早期阶段，重点关注成本控制。通过优化设计、选择经济高效的材料和工艺，并考虑成本与性能之间的平衡，可以在不牺牲质量和功能的前提下控制成本。

第五，管理供应链成本。目标成本管理还需要关注供应链中的成本。通过与供应商合作，寻找成本效益更高的供应商，进行供应链优化和成本管理，可以降低产品的采购成本和生产成本。

第六，监控和控制成本。在产品生命周期的各个阶段，监控和控制实际成本与目标成本之间的差距。定期评估成本绩效，并采取必要的纠正措施，以确保成本在可接受范围内。

第七，持续改进。目标成本管理是一个持续的过程。通过不断改进产品设计、生产工艺和供应链管理等方面，寻找降低成本和提高效率的机会，以实现更好的成本控制和利润增长。

目标成本管理的优势在于将成本控制的重点放在产品的早期设计阶段，这是成本影响最大的阶段。通过在此阶段合理设定目标成本并进行成本控制，可以避免后期因设计不当或生产过程中出现的问题而导致的成本超支。

同时，目标成本管理还促使团队在产品设计和开发中注重成本效益，提高资源利用率，并提升产品的竞争力和利润水平。

四、激励措施和绩效评估

为了有效地控制成本，企业需要采取一系列激励措施来鼓励员工采取成本控制的行动。下面是详细的设计激励措施的方法。

第一，奖励制度。企业可以设计与绩效相关的奖励制度，以鼓励员工在成本控制方面的积极贡献。这些奖励可以是经济激励，例如年终奖金、提成或股票期权等；也可以是非经济激励，如员工表彰、公开表扬或特权提升等。

第二，考核机制。企业可以建立成本控制方面的考核机制，将成本控制的目标纳入员工的绩效评估中。包括制定明确的成本控制目标、设定阶段性的绩效指标，并将其与员工的绩效考核和晋升机会挂钩。通过将成本控制纳入员工的绩效考核，可以激励员工在日常工作中更加积极地寻找成本节约的机会。

第三，培训和教育。为了提高员工在成本控制方面的能力和意识，企业可以提供培训和教育机会。这些培训可以涵盖成本控制的基本概念、方法和工具，以及如何在日常工作中应用这些知识。通过提供相关的培训和教育，企业可以帮助员工更好地理解成本控制的重要性，并增强他们在这方面的能力。

第四，激励团队合作。成本控制通常需要多个部门和团队的协同努力。企业可以设计激励措施，鼓励团队之间的合作和知识共享。例如，设立团队奖励，要求不同部门或团队之间共同完成成本控制目标，并将奖励与整个团队的绩效挂钩。这样可以促进跨部门合作，提高整体成本控制效果。

第五，绩效评估指标。为了监测和评估成本控制的效果，企业需要制定适当的绩效评估指标。这些指标可以包括成本降低的百分比、关键成本项目的节约金额、成本控制措施的实施情况等。通过设定明确的指标，并定期对其进行评估，企业可以了解成本控制的效果，并及时调整激励措施和策略。

这些激励措施包括奖励制度、考核机制、培训和教育、激励团队合作以及制定适当的绩效评估指标。通过这些措施的综合运用，企业可以激发员工的积极性和创造力，提高成本控制的效果。

五、技术支持和信息系统

有效的信息系统和技术支持对于企业的成本控制至关重要。现代企业可以借助先进的会计信息系统来跟踪和分析成本数据，并提供实时的决策支持。

会计信息系统是企业管理成本的重要工具之一。它们允许企业记录和跟踪与业务活动相关的各种成本信息，包括人工成本、原材料成本、设备维护成本等。通过自动化数据收集和处理，会计信息系统可以提供准确的成本数据，而无须手动计算或估算。这使得企业能够更好地了解其业务活动的成本结构，以便作出相应的决策。

实时决策支持是现代企业所需的关键功能之一。通过有效的信息系统，企业可以获得实时的成本数据和财务指标，使管理层能够及时作出决策。例如，当企业需要调整价格策略或采取成本削减措施时，实时的成本数据可以帮助管理层作出准确的决策，并及时评估决策的效果。

通过对大量数据进行分析，企业可以发现隐藏在数据中的模式和趋势，从而揭示出影响成本的因素。例如，数据分析可以揭示出哪些业务活动或产品线是成本主要来源，以及哪些因素可以降低成本或提高效率。这种洞察力可以指导企业制定相应的战略和决策，以降低成本并提高盈利能力。

有效的信息系统和技术支持对于企业成本控制至关重要。会计信息系统可以提供准确的成本数据，并支持实时决策制定。通过利用现代的信息系统和技术工具，企业可以更有效地管理成本，提高运营效率，并取得更好的业务成果。

第七章　价值管理与企业管理会计

第一节　价值管理理论

一、价值活动管理循环

（一）资金运动的过程

1．企业资金运动的基本状况

在市场经济条件下，一切物资都具有一定的价值，它体现着耗费于物资中的社会必要劳动量。社会再生产过程中物质价值的货币表现，就是资金。资金是进行企业生产经营活动的必要条件。企业资金运动过程具体划分为资金筹集、资金运用和资金分配三个不同阶段。

（1）资金筹集。企业资金是企业财产物资的货币表现。企业资金在企业的生产经营中用于周转，并能够在周转中产生增值。无论是新设立企业，还是持续经营企业，为了满足生产经营的需要，都会不同程度地进行适量的筹资。在资金筹集阶段，企业通过吸引投资者向企业投资或向银行等金融机构借款等方式获取经营所需资金，形成企业的自有资金和借入资金。一般而言，企业筹集的资金最初是以货币资金形态进入企业的，具体表现为企业库存现金或银行存款。当然，无论是以何种方式获得的资金，企业都需要为筹资付出相应的代价。自有资金需要支付股息、红利，借入资金需要定期还本付息。因此，在资金进入企业形成资金周转起点的同时，企业就必须承担相应的经济责任。

（2）资金运用。企业资金运用是指将所筹集的资金投放到生产经营领域，以取得盈利，不断增加企业价值。企业资金运用主要体现在企业生产经营活动和投资活动两个方面。

第一，生产经营活动的资金运用。企业生产经营活动主要包括供应、生产和销售三个具体过程。在供应过程中，企业运用筹集到的货币资金购买材料等，将货币资金形态转化为储备资金形态。在生产阶段，劳动者和生产资料相结合，制造出符合社会需要的产品，储存资金形态转化为生产资金形态。在销售过程中，企业将生产出来的产品销售出去，从流通中收回货币，资金又回到货币资金形态。企业经营资金从货币出发，经过不同阶段，顺序改变形态，实现不同职能，最后又回到原有形态的过程，称为资金循环。企业再生产过程的持续开展，使得这种有规律的循环反复进行，从而在价值层面上表现为流动资金的周转。这种周转主要依赖于原材料的供应期、产品的生产周期和销售债权的收现期，通常表现为较短的时间，所以可归类为资金短期循环。

第二，投资活动的资金运用。企业把筹集到的资金用于购置自身经营所需的固定资产、无形资产等，形成企业的对内投资。固定资产是指单位价值较高，使用期超过 1 年，在生产经营中长期发挥作用的主要劳动资料及工作场所，如房屋、建筑物、机器设备等。其特点是在较长的使用周期内保持原有的实物形态，但其价值由于使用或自然损耗而逐渐降低，这一过程称为折旧。折旧作为固定资产损耗价值的转移，已经脱离了固定资产的实物形态，被分次计入成本费用，并通过连续会计期间的收益实现得到价值补偿。固定资产价值转移是否能够得到现实的价值补偿，不仅取决于折旧的正确计提，还取决于销售收入的充分实现。通过销售收入的收回而实现的固定资产价值补偿金在没有对固定资产实物进行更新之前，加入企业流动资金的循环周转；而一旦固定资产需要更新改造，这部分已经加入企业流动资金循环与周转的固定资产准备金，就应当实现货币资金到固定资产形态的转化。总之，固定资产由投资购建开始，按照价值转移、价值补偿、实物更新的次序所进行的循环称为资金长期循环。

无形资产是指本身不具有实物形态，能够在企业长期的生产经营中连续发挥作用的资产，如专利权、土地使用权、特许权等。无形资产的价值转移方式被称为摊销，体现在无形资产方面的资金循环与固定资产一样，也属于资金长期循环。

企业将筹集到的资金或自身的固定资产、无形资产等投资于其他企业，便形成企业的对外投资。

总之，完整意义上的资金运用，不仅包括资金的投放，而且包括资金的使用。这一方面揭示了投资决策的重要地位，另一方面也体现了日常管理的意义。

（3）资金分配。企业将生产的产品销售后取得的收入，补偿了生产、销售过程中的全部消耗后，剩余部分表现为企业盈利。当然，企业进行对外投资时也会取得收益。企业盈利包括税金、利润两部分。税金要按时、足额交给国家；利润部分为所有者权益，在提取盈余公积后，可对投资者分配利润。前文已述及，企业资金筹集包括自有资金的所有者投资和借入资金的债权人投资，企业净利润的分配体现了对企业所有者的资金分配。而对债权人的资金分配则是通过将利息计入成本费用的形式来实现的。虽然分配的形式不同，但都导致一部分资金流出企业，退出资金运动过程。财务活动中的资金分配，体现了企业履行相应的经济责任。企业财务活动，即资金的筹集、运用和分配，带动了资金的循环与周转。

2. 企业资金运动的特点

通过对企业资金运动过程的了解，可以明确企业资金运动具有如下特点。

（1）体现为循环与周转方式。企业的资金在企业生产经营过程的不同阶段表现为不同的占用项目，并随着企业生产经营的进行不断转换占用形态，从货币资金→储备资金、固定资金→生产资金→成品资金→货币资金。资金这种经过一系列的形态变化，最终又回到货币资金状态的过程称为资金循环。正常经营企业的经营活动是持续不断进行的，因而其资金也是不断进行循环的，资金的不断循环称为资金周转。

（2）并存性和继起性。企业资金不仅要在空间上同时并存于货币资金、固定资金、储备资金、成品资金等资金形态上，而且在时间上要求各种资金形态相继地通过各自的循环。对于一个正常进行生产经营活动的企业来说，这些资金形态中的每一种都是必不可少的。如果没有货币资金，其他资金形态是难以形成的；如果没有储备资金，生产过程就不能顺利进行；同样，没有生产资金的耗费，就无法生产出产品，形成成品资金。显然，各种资金形态对于企业来说必须是同时存在的，即具有并存性。继起性则是指企业经营资金在以货币资金为起点的运动中，各种资金形态是依次转化的，不会发生逆运动，而且每发生一次资金形态的变化，就会向重新回到货币资金形态靠近一步，由此才能不断进行资金的循环与周转。

（3）各种资金形态按比例并存。资金循环是生产过程和流通过程的统一。在资金以实物形态和货币形态相互转化、相互交织的运动过程中，资金的价值不仅没有消失，反而得到了增长。为了保证资金得以不断地循环，资金必须以一定比例同时并存于各种形态上。而每一种形态的资金又必须不断地经历它的各种形态变化。如果相互接续的两种资金形态比例失调，就会影响资金形态的顺利转化，进而影响企业经营活动的正常开展。

（4）补偿性和增值性。补偿性是指企业为使经营活动持续不断地进行下去，必须在完成每一次资金循环后将收回的一部分资金拿出来，重新投入到下一个资金循环中。只有这样，才能保证企业的经营活动始终获得足够的资金支持。增值性是指资金在完成一个循环后，收回的货币资金数额一般大于开始循环时的资金数额的这种特性。资金运动的增值部分是企业实现的利润。利润是资金运动的最终成果，也是判断企业获利能力强弱和经营管理水平高低的标志之一。

3. 企业会计对象的具体内容与资金运动的关系

对于企业实际的资本循环和周转，企业应当如实进行记录，这通常是会计的职能。也就是说，企业会计对象的基本内容是资金运动。将资金运动作进一步划分所形成的内容，是资金运动的具体表现形式。也就是说，会计对象的具体内容主要包括资产、负债、所有者权益、收入、费用和利润。其中，资产主要表明资金在运动过程中的具体存在形态，如货币资金、储备资金和固定资金等；负债和所有者权益主要表明企业资金的来源方式，如债权人提供和投资者投入资本等；收入主要表明企业运用资金取得的成果；费用主要表明为取得收入而耗费的资金；利润则表明运用资金的增值额。会计对象的具体内容既可以各自独立地反映资金运动的某一方面的内容，又可以相互配合从整体上反映资金运动的全貌。

（二）明确企业主要财务关系

在企业生产经营过程的资金运动中，在周而复始的资金循环中，不同利益主体的利益与企业的生存与发展保持着密切的联系。企业财务关系是指企业在组织财务活动过程中与各有关方面发生的经济关系。企业的筹资活动、投资活动、经营活动、利润及其分配活动与企业各方面有广泛的联系。企业的财务关系因经济利益和责任的多样性而较为复杂，归纳起来主要有以下方面。

第一，企业与所有者之间的财务关系。企业与其所有者的财务关系主要指企业的所有者向企业投入资金，企业向其所有者支付投资报酬所形成的经济关系。企业的所有者要按照投资合同、协议、章程的约定履行出资义务，以便及时形成企业的资本金。企业利用资本金进行经营，获得利润后，应按出资比例或合同、章程的规定，向其所有者分配利润。企业同其所有者之间的财务关系，体现着所有权的性质，反映着经营权和所有权的关系。

企业所有者包括国家、法人和个人三种类型。由于企业所有者的出资不同，相对应地，不同所有者所享有的权利和承担的风险也不相同，由此形成的经济利益关系也不完全一致。

第二，企业与债权人、债务人之间的财务关系。企业与其债权人的财务关系主要指企业向债权人借入资金，并按借款合同的约定按时支付利息和归还本金所形成的经济关系。企业除利用资本金进行经营活动外，还要借入一定数量的资金，以便降低企业资金成本，扩大企业经营规模。企业与其债务人的财务关系主要指企业将其资金以购买债券、提供借款或商业信用等形式出借给其他单位所形成的经济关系。

企业的债权人作为资金的提供者（贷款银行、赊销的供货商等），有权要求企业到期还本付息或到期支付货款；企业的债务人作为资金的占有者（临时借款人、赊账的客户等），也必须承担相应内容的义务。企业同其债权人、债务人的关系体现的是债务与债权的关系，是企业在持续经营的资金运动中所难以避免的，也是可以利用的，企业应当依法主张自己的权利并认真履行承诺。

第三，企业与被投资单位之间的财务关系。企业与其投资单位的财务关系主要是指企业将其闲置资金以购买股票或直接投资的形式向其他企业投资所形成的经济关系。企业向其他单位投资，应按约定履行出资义务，参与被投资单位的利润分配并承担相应的风险。企业与被投资单位的关系是体现所有权性质的投资与受资的关系。由于企业投资在受资企业的主权资本中存在是否拥有控制权的差异，企业投资的经营管理权地位也不能一概而论。一般情况下，少数股东难以直接介入被投资单位的管理层。

第四，企业与政府管理部门之间的财务关系。企业与政府管理部门之间的财务关系是强制性的经济利益关系，体现在相关的法律中。任何企业都要按照国家税法的规定缴纳各种税款，以保证国家财政收入的实现，满足社会各方面的需要。及时、足额地纳税是企业对国家的贡献，也是对社会应尽的义务。政府相关部门也应积极为合法经营的企业的生存发展提供政策扶持。企业应当充分利用政府提供的各项优惠政策。

第五，企业与内部各级单位之间的财务关系。企业与其内部各级单位之间的财务关系主要是指企业内部各单位之间在生产经营各环节中相互提供产品或劳务所形成的经济关系。企业在实行内部经济核算制的条件下，企业供、产、销各部门以及各生产单位之间，相互提供产品和劳务要进行计价结算。这种在企业内部形成的资金结算关系，体现了企业内部各单位之间的利益关系。

第六，企业与职工之间的财务关系。企业与其职工之间的财务关系主要是指企业在向职工支付劳动报酬的过程中所形成的经济关系。企业需要建立相应的规章制度和考核办法，根据不同职工所提供的劳动数量、质量和业绩，按期足额支付工资、奖金、津贴，依法缴纳各项社会保险。企业与职工之间的这种财务关系，体现了职工和企业在劳动成果上的分配关系。由于工资需要按月支付，数额较大，对时间要求严格，企业应当特别重视这项工作，以稳定职工队伍，激发职工当家作主的工作积极性，为企业创造较好的业绩。

二、价值管理的原则

价值管理是一种管理方法，旨在确保项目或组织的活动和决策能够最大限度地实现价值。以下是一些常见的价值管理原则。

（一）关注价值

关注价值是价值管理的核心原则，它要求明确定义和理解项目或组织的价值，并确保所有活动和决策都与创造价值密切相关。这意味着将价值定义纳入决策过程的指标和目标中，以确保其得到持续关注和追求。

在实践中，关注价值可以通过以下方式体现。

第一，确定价值定义。需要明确定义项目或组织的价值。这可能涉及与利益相关者合作，理解他们对于项目或组织的期望和目标，并将其转化为明确的价值定义。例如，对于一个产品，价值可能包括功能性、可靠性、易用性、性能等方面。

第二，纳入关键绩效指标（KPIs）。关键绩效指标是衡量项目或组织绩效的重要工具。在关注价值的背景下，可以制定与价值相关的 KPIs，以便在决策过程中对价值进行跟踪和评估。例如，在项目管理中，可以使用成本效益、时间效益和质量效益等 KPIs 来衡量项目交付的价值。

第三，设定目标和优先级。将关注价值的原则应用于目标设定过程。在制定项目或组织目标时，要确保它们与创造价值的目标相一致。优先级也需要根据价值判断进行确定，将资源和注意力集中在对创造最大价值有重要影响的活动和决策上。

第四，持续评估和优化。关注价值是一个持续的过程。在项目或组织的整个生命周期中，需要不断评估和优化活动和决策的关注价值程度。这可能需要监测 KPIs 的表现，与利益相关者进行沟通和反馈，以及灵活调整战略和计划。

通过关注价值，项目和组织能够明确目标、优化资源配置、提高绩效，并确保所有活动和决策都与创造最大价值紧密相关。这有助于提高项目和组织的竞争力，并为利益相关者提供更高的价值和满意度。

（二）创造者与利益相关者的参与

价值管理是一个需要广泛参与和合作的过程。项目或组织的创造者以及与其相关的利益相关者都应该参与到价值管理中，以确保他们的需求和期望得到充分考虑。以下是关于利益相关者参与的一些重要方面。

第一，沟通和协作。与利益相关者进行积极的沟通和协作是价值管理的核心。这包括建立沟通渠道、组织会议、分享信息和结果等。通过及时、透明和有效的沟通，可以确保利益相关者了解项目或组织的目标、计划和进展，并能够提供反馈和意见。

第二，利益相关者参与决策。价值管理要求利益相关者参与决策过程。这意味着在制定决策之前，需要征求利益相关者的意见、建议和观点。他们的经验和知识可以为决策提供有价值的信息，并帮助确保决策与利益相关者的利益相一致。

第三，利益相关者利益平衡。在价值管理过程中，需要平衡不同利益相关者的需求和期望。不同利益相关者可能有不同的利益和优先级，因此需要仔细权衡各方的利益，并找到可接受的解决方案。这可能需要通过磋商、妥协和寻求共赢的方式来解决潜在的冲突。

第四，利益相关者参与监督和评估。利益相关者应该参与项目或组织的监督和评估过程。他们可以提供独立的观察和评价，确保项目或组织的绩效符合预期，并促进透明度和问责制。

通过有效的利益相关者参与，可以提高项目或组织决策的质量，增强决策的合法性和可接受性。此外，利益相关者的参与还可以增加对项目或组织的支持和共识，减少冲突和阻力，为项目或组织的成功提供有力的支持。

总之，价值管理需要广泛地参与和合作，确保利益相关者的需求和期望得到充分的考虑，并与他们共同决策和评估。这有助于建立良好的利益相关者关系，提高决策的质量和可接受性，并最终实现项目或组织的成功。

（三）持续改进

持续改进是价值管理的重要原则之一，它强调不断追求改进和优化，以提高项目或组织的价值创造能力。通过持续改进，可以不断提升绩效、降低成本、提高效率，并增加对利益相关者的价值。

第一，定期审查和评估。持续改进要求定期审查和评估项目或组织的绩效。这可以通过制定明确的绩效指标和目标，定期收集和分析数据来实现。审查和评估的目的是识别当前存在的问题和机会，为改进提供依据。

第二，问题识别和解决。持续改进需要识别和解决项目或组织中存在的问题。这可能涉及使用问题解决工具和技术，如根本原因分析、鱼骨图、5W1H 法等，以帮助理解问题的本质，并制订相应的解决方案。解决问题的过程中，应该追求持久的解决效果，而不是简单地应对表面症状。

第三，机会利用和创新。持续改进也关注寻找和利用项目或组织中存在的机会。这包括通过市场调研、竞争分析等手段，识别市场需求和潜在机会，并采取相应的创新措施来满足这些需求和利用机会。持续改进并鼓励对工作流程、产品和服务进行创新，以提高效率和质量，增加竞争力。

第四，PDCA 循环。PDCA 循环（Plan-Do-Check-Act）是一个常用的持续改进工具。它包括制订计划（Plan）、执行计划（Do）、检查结果（Check）和采取行动（Act）。通过不断循环执行 PDCA，可以实现持续改进的目标，逐步提高绩效和价值创造能力。

持续改进是一个不断进行的过程，要求持续关注和努力。它需要建立一种文化和环境，鼓励员工提出改进意见、分享经验，并为他们提供必要的培训和资源。持续改进也需要领导层的支持和承诺，以确保改进行动的执行和效果监控。

通过持续改进，项目或组织可以不断提高绩效、满足利益相关者的需求，并在竞争激烈的市场中取得持续的竞争优势。

（四）整体系统思维

整体系统思维是价值管理的关键原则之一。它要求将活动和决策视为整体系统的一部分，考虑它们之间的相互关系和影响。这意味着避免只关注局部优化，而忽视整体效益。在项目管理中，整体系统思维可以促使项目经理考虑不同项目要素之间的相互作用，例如范围、时间、成本、质量和风险之间的平衡。

在传统的项目管理中，往往存在一种片面追求局部目标的倾向。例如，项目经理可能会过度关注时间进度，导致质量受损；或者过度关注成本控制，导致项目范围缩减。这种片面追求短期目标的做法往往无法实现长期的项目价值和组织目标。相反，整体系统思维鼓励项目经理综合考虑各个要素之间的相互关系，以实现更好的综合效益。

整体系统思维要求项目经理意识到各个项目要素之间的相互依赖和影响。例如，项目范围的变化可能会对时间进度、成本和风险产生影响。项目经理需要在不同要素之间进行平衡，以最大限度地实现整体目标和价值。这可能意味着在范围变更时重新评估时间进度和成本，或者在风险管理中考虑质量要求。整体系统思维还可以帮助项目经理识别潜在的正反馈循环和负反馈循环，从而更好地预测和管理项目的动态。

通过应用整体系统思维，项目经理可以更好地理解项目的综合效益，并作出更明智的决策。这种综合性的思维方式有助于避免局部优化带来的副作用，并使项目能够在更大范围内实现成功。此外，整体系统思维也有助于提高项目团队的协作和沟通，因为团队成员需要共同理解整体系统，并在各自的工作中考虑整体效益。

综上所述，整体系统思维是项目管理中的关键原则之一，它要求将活动和决策视为整体系统的一部分，综合考虑不同项目要素之间的相互关系和影响。通过应用整体系统思维，项目经理能够更好地实现项目的长期价值和组织目标。

（五）数据驱动决策

数据驱动决策是价值管理的重要原则。它要求基于可靠的数据和信息作出决策，而不是凭主观判断或猜测。这需要收集、分析和解释数据，以获得对项目或组织的准确和全面的了解。

数据驱动决策的第一步是收集相关的数据。这可以包括内部数据（如项目执行数据、财务数据、绩效数据）和外部数据（如市场数据、竞争数据、行业趋势数据）。数据收集的过程需要确保数据的准确性、可靠性和完整性。这可以通过使用科学方法进行数据采集和验证，以保障数据采集过程的可靠性和一致性。

收集到的数据需要进行分析和解释，提取有用的信息和见解。数据分析可以采用统计方法、数据挖掘技术、可视化工具等。通过分析数据，可以发现潜在的模式、趋势和关联性。这有助于揭示问题的根本原因、发现潜在机会，并支持决策的制定和评估。

数据驱动决策还要求对数据进行解释和解读，以确保决策者对数据的含义和影响有清晰的理解。这包括解释数据的背景、关键指标和假设，并提供对决策的启示和建议。数据的解释应该以简明易懂的方式呈现，以便决策者能够理解和应用数据来作出明智的决策。

数据驱动决策的好处是显而易见的。首先，通过基于可靠的数据作出决策，可以降低决策的风险和错误。数据提供了客观的依据，减少了主观判断和偏见的影响；其次，数据驱动决策可以提高决策的准确性和可信度。数据提供了实际情况的反映，使决策者能够更好地了解项目或组织的状况和挑战。最后，通过分析数据，可以发现潜在的改进和优化点，并制订相应的行动计划。

然而，数据驱动决策也需要注意一些挑战和限制。数据的质量和可靠性是关键因素。如果数据不准确、不完整或不可靠，就会导致错误的决策。因此，在数据收集和分析过程中，需要确保数据的质量控制和验证。此外，数据驱动决策还需要综合考虑其他因素，如经验、专业知识和组织文化等。数据只是决策的一个重要参考，而不是唯一的决策依据。

综上所述，数据驱动决策是价值管理的重要原则。它要求基于可靠的数据和信息作出决策，通过数据的收集、分析和解释来提高决策的准确性和可信度。数据驱动决策可以减少风险和错误，为项目或组织提供更好的价值创造机会。然而，数据驱动决策需要注意数据质量和综合考虑其他因素的挑战。

（六）持续沟通和透明度

持续沟通和透明度是价值管理的重要原则之一。它要求与项目或组织的创造者和利益相关者之间保持开放和透明的沟通。这包括分享信息、决策结果和进展情况，确保所有相关方对项目或组织的目标、计划和变化有清晰的认识。

持续沟通意味着定期与相关方进行沟通，不仅是在特定的里程碑或问题出现时。可以通过各种沟通渠道实现，如会议、报告、电子邮件、社交媒体等。沟通内容应该包括项目或组织的目标、战略、计划、进展、风险和机会等关键信息。同时，也要倾听和回应相关方的意见、问题和反馈，确保双向的沟通和理解。

透明度是指向相关方提供清晰、准确和全面的信息。这意味着不隐瞒或掩盖重要信息，而是主动公开与项目或组织有关的关键决策、结果和数据。透明度有助于建立信任和共享责任，让相关方感到被尊重和参与。通过透明度，可以减少猜测、传闻和误解，促进合作和共同努力。

持续沟通和透明度的好处是多方面的。首先，它建立了信任和合作关系。当相关方感到他们得到了充分的信息和参与时，他们更倾向于支持和参与项目或组织的目标。其次，持续沟通和透明度有助于减少误解和冲突。通过共享信息和意见，可以更好地理解各方的期望和需求，从而减少冲突和不一致。最后，持续沟通和透明度还能够提高决策的质量和可接受性。通过与相关方进行积极的沟通，可以获得更广泛的视角和建议，从而作出更明智的决策。

然而，实施持续沟通和透明度也面临一些挑战。一方面，沟通和信息共享需要耗费时间和资源。确保及时、准确和全面的信息传递需要适当的沟通渠道和工具，并进行适度的管理和协调。另一方面，透明度可能涉及敏感信息的披露和处理。在透明度的原则下，需要平衡信息披露的需求和相关方的隐私、竞争等考虑因素。

综上所述，持续沟通和透明度是价值管理的重要原则之一。它要求与项目或组织的创造者和利益相关者之间保持开放和透明的沟通，分享信息、决策结果和进展情况。通过持续沟通和透明度，可以建立信任、减少误解和冲突，并增强各方的参与和合作。

（七）持续学习和知识分享

持续学习和知识分享是价值管理的重要原则。它鼓励项目经理和组织成员从经验中学习，并将这些经验应用于未来的项目或组织中。这包括总结经验教训、分享最佳实践和知识，以提高整体的价值交付能力。

持续学习意味着项目经理和组织成员不断地从项目和工作中获取经验教训，并将其转化为有益的学习机会。这可以通过定期的项目回顾会议、评估和评估报告等方式来实现。在这些活动中，团队成员可以回顾项目的成功和挑战，识别成功的因素和教训，并提出改进的建议。通过反思和学习，项目经理和团队可以发展出更好的实践和方法，以应对未来类似的情况。

知识分享是将学习和经验传递给其他项目经理和组织成员的过程。这可以通过内部培训、工作坊、知识库、经验分享会等方式来实现。在知识分享过程中，项目经理和组织成员可以分享他们的成功案例、挑战、解决方案和技巧。这有助于传递有价值的知识和经验，并促进组织内部的合作和学习文化。

持续学习和知识分享的好处是显而易见的。首先，它促进了个人和团队的成长和发展。通过从经验中学习，项目经理和团队成员可以不断提高他们的技能和专业知识，从而更好地应对日益复杂和多变的项目环境。其次，持续学习和知识分享可以提高项目或组织的绩效和竞争力。通过分享最佳实践和知识，可以避免重复错误，加快问题解决和创新过程，提高价值交付的效率和质量。最后，持续学习和知识分享还有助于建立学习型组织的文化，鼓励员工不断学习、创新和改进。

然而，实施持续学习和知识分享也面临一些挑战。首先，它需要投入时间和资源。学习和知识分享需要人们抽出时间参与培训、会议和分享活动，并可能需要建立和维护知识管理系统和平台。其次，知识分享需要建立开放和合作的文化。组织成员需要愿意分享他们的经验和知识，并愿意从他人那里学习。最后，知识分享还需要适当的沟通和协调机制，以确保知识的传递和有效利用。

综上所述，持续学习和知识分享是价值管理的重要原则。通过持续学习和知识分享，可以不断改进和创新，提高项目或组织的绩效和竞争力。然而，实施持续学习和知识分享需要解决时间、资源、文化和沟通等挑战。

三、价值管理的环境

（一）价值管理的外部环境

1. 法律环境

企业的资金运动，无论是筹资、投资还是利润分配，都要和企业外部发生经济关系。企业在处理这些经济关系时，应当遵守有关的法律规范。

（1）企业组织法律规范。组建不同的企业组织，要依照不同的法律规范。它们主要包括《中华人民共和国公司法》《中华人民共和国合伙企业法》《中华人民共和国个人独资企业法》等。这些法律规范为建立公司制企业、合伙制企业、业主制企业提供了企业组织法和企业行为法。

（2）税收法律规范。有关税收的立法分为三类：所得税的法规、流转税的法规、其他税的法规。由于税负是企业的一种费用，会增加企业的经济利益流出，所以对企业价值活动有重要影响。企业财务人员必须精通其所在企业所涉及的各项税法条款，避免工作失误造成损失。税负的减少，只能靠精心安排和筹划投资、筹资和利润分配等财务决策，而不允许在纳税行为已经发生时去偷税漏税。

（3）财会法律规范。对于企业而言，会计法律规范《企业会计准则》

或《小企业会计准则》，财务法律规范有《企业财务通则》。《企业财务通则》对企业财务管理体制、资金筹集、资产运营、成本控制、收益分配、重组清算、信息管理、财务监督作出了指导性规定。企业应当根据《企业财务通则》的规定，设计适合本企业的内部财务制度。

（4）其他法律规范。其他法律规范主要包括结算法律规范、合同法律规范、环境保护法律规范、证券法律规范等。

2．金融市场环境

金融市场是资金的供应者与资金需求者通过金融工具融通交易资金的场所，其包括金融市场的参加者、金融工具、交易场所三要素。

（1）金融市场的参加者。金融市场的参加者是金融交易的主体，包括居民、企事业单位、政府、金融机构和中央银行五类。

在金融市场中，金融机构向资金需求方提供资金，同时又广泛吸收存款，并发行有价证券进行筹资。金融机构包括商业银行和非银行金融机构。非银行金融机构是指证券公司、保险公司等银行系统之外的从事金融业务的机构。证券公司作为证券市场的媒介，可以接受证券发行者的委托，办理或代理有价证券的认购、发行、销售等业务。保险公司则在吸收保险费的同时，还需要将所吸收的大量资金投放到安全的金融资产上。

中央银行作为银行的银行是金融市场资金的最终提供者，同时又是金融市场的直接管理者。中央银行代表政府根据经济形势的变化，出台适当的政策措施，以指导、规范、监督金融市场的运行。

（2）金融工具。金融工具是指融通资金双方在金融市场上进行资金交易、转让的工具，借助金融工具，资金从供给方转移到需求方。其具有一般资产的属性，包括收益性、风险性和流动性。

金融工具分为基本金融工具和衍生金融工具两大类。常见的基本金融工具有货币、票据、债券、股票等。衍生金融工具又称派生金融工具，是在基本金融工具的基础上通过特定技术设计形成的新的融资工具，如各种远期合约、互换、掉期、资产支持证券等，种类非常复杂、繁多，具有高风险、高杠杆效应的特点。

金融工具可以按照参与者的目的不同分为两类：一是为筹资、投资而设计的金融资产（包括股票、债券、借款合同等）；二是为保值、投机而设计的金融资产（包括期货、期权等）。

（3）交易场所。金融交易场所包括证券交易所和柜台交易场所，也包括有形市场的交易场所和无形市场的交易场所。在不同的交易场所进行资金交易的法律手续不同、交易条件不同、交易成本不同，交易的数量和完成交易的时间也有差别。参加交易的企业应当慎重选择适合自身情况的交易场所，以节约交易费用，加快交易进程。

金融市场环境对价值管理工作的影响主要有三点：①对筹资工作的影响。如果市场利率上升，意味着债券的发行成本提高，或者导致证券市场下跌，会使企业融资数额减少。②对投资工作的影响。如果市场利率上升，股东和债权人都会对所投资的企业有较高的投资收益期望，增加企业投资压力。③对利润分配的影响。如果市场利率上升，证券价格下跌，在企业对外筹资困难的情况下，企业有可能减少现金股利的分配，提高留存收益，有可能产生不利影响。

3．社会经济环境

影响价值管理的经济环境因素主要包括经济周期、经济发展水平和经济政策等方面。

（1）经济周期。市场经济条件下，经济发展与运行具有一定的周期性。在不同的经济周期，企业应相应采用不同的价值管理策略。

（2）经济发展水平。我国正处于经济高速增长的阶段，这就给企业扩大规模、调整方向、打开市场，以及拓宽财务活动的领域带来了机遇。同时，由于高速发展中的资金短缺将长期存在，又给企业价值管理带来严峻的挑战。因此，企业管理者必须探索与经济发展水平相适应的财务管理模式。

（3）经济政策。一个国家的经济政策，如经济发展计划、国家的产业政策、财税政策、金融政策、外汇政策、外贸政策、货币政策及政府的行政法规等，对企业的价值活动都有重大影响。

作为企业的管理者，应当认真研究政府的经济政策，更好地为企业的经营理财活动服务。

（二）价值管理的内部环境

1．财务管理体制

概括地说，企业财务管理体制可分为三种类型，分别叙述如下。

（1）集权型财务管理体制。集权型财务管理体制是财务控制权、支配权高度集中的财务管理体制。企业的各项财务权限都集中于企业最高管理当局；企业的中下层管理者没有任何财务决策权，只有被授予的具体事项的执行权限。这种管理体制的优点在于：企业内部的各项决策均由企业最高管理当局制定和部署，企业内部可充分展现其一体化管理的优势，利用企业的人才、智力、信息资源，努力降低资金成本和风险损失，使决策的统一化、制度化得到有力的保障。采用集权型财务管理体制，有利于在整个企业内部优化配置资源，有利于实行内部调拨价格，有利于内部采取避税措施及防范汇率风险，等等。它的缺点是：可能会使各所属单位缺乏主动性、积极性，也可能因为决策程序相对复杂而失去适应市场的弹性，丧失市场机会。

（2）分权型财务管理体制。分权型财务管理体制是指企业将财务决策权与管理权分散到各所属单位。这种管理体制的优点是：由于各所属单位负责人有权对影响经营成果的因素进行控制，有利于针对本单位存在的问题及时作出有效决策，因地制宜地搞好各项业务，也有利于分散经营风险。它的缺点是：各所属单位往往从本位利益出发安排财务活动，缺乏全局观念和整体意识，从而可能导致资金管理分散、资金成本增大、费用失控、利润分配无序。

（3）集权与分权相结合型财务管理体制。集权与分权相结合型财务管理体制，其实质就是集权下的分权，企业对各所属单位在所有重大问题的决策与处理上实行高度集权，各所属单位则对日常经营活动具有较大的自主权。

集权与分权相结合型财务管理体制意在以企业发展战略和经营目标为核心，将企业内重大决策权集中于企业总部，而赋予各所属单位自主经营权。其主要特点是：①在制度上，企业内应制定统一的内部管理制度，明确财务权限及收益分配方法；各所属单位应遵照执行，并根据自身的特点加以补充。②在管理上，利用企业的各项优势，对部分权限集中管理。③在经营上，充分调动各所属单位的生产经营积极性。各所属单位围绕企业发展战略和经营目标，在遵守企业统一制度的前提下，可自主制定生产经营的各项决策。为避免配合失误，明确责任，凡需要由企业总部决定的事项，在规定时间内，企业总部应明确答复，否则，各所属单位有权自行处置。

集权与分权相结合型的财务管理体制，吸收了集权型和分权型财务管理体制各自的优点，避免了二者各自的缺点，从而具有较大的优越性。

总结我国企业的实践，集权与分权相结合型财务管理体制的核心内容是企业总部应做到制度统一、资金集中、信息集成和人员委派。具体应集中制度制定权，筹资、融资权，投资权，用资、担保权，固定资产购置权，财务机构设置权，收益分配权，分散经营自主权，人员管理权，业务定价权，费用开支审批权。

2. 企业内部财务管理制度

企业内部财务管理制度是企业财务工作的“内部法规”，是针对企业自身特点和管理要求，所制定的财务管理工作的遵循依据。无论企业规模大小，都必须建立内部财务管理制度，以作为企业开展各项财务工作的规范依据。

一般情况下，企业内部财务管理制度需要作出相关规范：①明确管理主体的权责分工；②明确企业的各项财务关系；③明确企业内部财务管理基础工作的各项要求；④明确资金筹集的管理制度；⑤明确各类资产管理制度；⑥明确对外投资管理制度；⑦明确成本、费用的管理制度；⑧明确收入的管理制度；⑨明确企业利润及其分配管理制度；⑩明确财务报告与财务评价制度。

第二节 价值管理与企业成本会计的关系探讨

一、价值管理与企业成本会计的区别

“在全球化经济不断发展的背景下，我国企业想要实现可持续发展目标，不仅要具备充分适应时代发展特征的能力，而且还要对传统管理模式进行全面改革。基于价值的企业管理模式凭借自身具有的多元化优势，得到了企业的重点关注，不仅能够发挥出比传统利润最大化企业管理模式更多的潜力，而且还能提高企业竞争能力，使企业在激烈的市场环境中站稳脚跟。”[①]价值管理与企业成本会计是管理会计领域中的两个重要概念，在企业管理中发挥着不同的作用。

（一）定义和目标

价值管理：价值管理关注的是企业创造和提供价值的能力。它强调企业在产品或服务提供过程中创造的经济效益，并致力于优化价值链的各个环节，以实现企业整体绩效的最大化。

---

① 夏沧澜．基于价值的企业管理探究[J]．中国中小企业，2022（02）：136-137.

企业成本会计：企业成本会计主要关注企业资源的支出和使用情况，以计量和记录企业生产和经营活动的成本。其目标是提供有关成本信息的准确和可靠的数据，帮助管理者进行成本控制、决策和绩效评估。

（二）信息需求

价值管理：价值管理需要全面了解企业价值链中的每个环节，并对其进行分析和评估。它关注企业创造和交付价值的过程，需要有关价值链各环节的详细信息，包括成本、效率、质量、时间等方面的数据。

企业成本会计：企业成本会计需要提供与企业生产和经营活动相关的成本信息。它关注的是企业资源的使用情况，包括原材料成本、人工成本、间接费用等。成本会计提供了与产品或服务生产相关的成本数据，以支持决策和绩效评估。

（三）目标导向

价值管理：价值管理的目标是优化企业整体价值链，实现企业的战略目标和利润最大化。它强调通过降低成本、提高效率、提供优质产品或服务来增加企业的竞争优势和市场份额。

企业成本会计：企业成本会计的目标是提供准确的成本信息，帮助管理者控制和管理成本，并支持决策制定过程。它主要关注成本的计量、分类和分配，以提供决策所需的成本数据。

综上所述，价值管理和企业成本会计在企业管理中具有不同的角色和目标。价值管理关注企业整体价值链的优化和价值创造，而企业成本会计提供与成本相关的信息，支持成本控制和决策制定。它们在企业管理中可以相互支持和补充，共同促进企业的可持续发展和竞争优势。

二、价值管理与企业成本会计的关系体现

价值管理和企业成本会计在实践中是相互关联的，它们共同助力于企业的发展和管理。价值管理和企业成本会计的关系体现在以下方面。

第一，目标一致性。价值管理和企业成本会计的目标在某种程度上是一致的。价值管理追求最大化股东价值和企业绩效的提高，通过有效的资源配置和成本控制来实现这一目标。而企业成本会计则关注成本的控制和效益的提高，通过成本数据的收集和分析，帮助企业管理者进行成本控制和资源配置的决策。两者共同努力，使企业能够在资源有限的情况下，以

最低的成本实现最大的价值。

第二，数据共享。价值管理和企业成本会计都需要相关的数据支持。价值管理需要了解企业的价值链和价值创造过程，以便确定价值创造的关键环节和优化策略。而企业成本会计则需要准确的成本数据，包括直接成本、间接成本、固定成本、变动成本等，以便进行成本效益分析和决策支持。通过数据的共享，价值管理和企业成本会计可以相互支持和补充，提高决策的准确性和有效性。

第三，决策支持。价值管理和企业成本会计为企业管理者提供决策支持。价值管理通过价值链分析和价值驱动的绩效管理，帮助管理者了解企业价值创造的关键环节和影响因素，从而指导战略制定和资源配置。管理者可以根据价值管理和企业成本会计提供的信息，优化资源配置，降低成本，提高效益，从而实现企业的长期发展目标。

第四，绩效评估。价值管理和企业成本会计都与绩效评估密切相关。价值管理通过绩效指标和绩效评估体系，评估企业的价值创造和绩效改善情况。价值管理的绩效评估可以帮助企业了解自身在价值链中的位置和价值创造的贡献，从而调整战略和资源配置。而企业成本会计通过成本效益分析和成本控制的评估，评估企业的成本效益和资源利用情况。绩效评估可以帮助企业管理者监控成本状况，找出成本效益不高的环节，并采取相应的措施进行改进。

综上所述，价值管理和企业成本会计在实践中相互关联，通过目标一致性、数据共享、决策支持和绩效评估等方面的协同作用，共同助力于企业的发展和管理。它们相互支持和补充，使企业能够实现最大化的股东价值和绩效提升。

第三节　现代价值管理会计体系的构建

一、价值管理会计的基本思想

（一）价值管理会计及其特征

价值管理会计体系是基于价值管理的管理会计体系，即基于股东对价值最大化的利益诉求，支持企业经营管理者在股东目标的基础上进行企业经营管理决策的会计信息系统。

价值管理会计具有三个特征。①价值管理会计体系仍然是支持企业经营管理决策的信息系统；②价值管理会计体系的构建前提是价值管理，即满足股东价值最大化的利益诉求；③价值管理会计体系提供的信息是以股东的利益诉求为基础的，即企业经营管理者运用信息作出的决策不是主观的，而是在股东的客观需求下形成的。

（二）价值管理会计体系的定位与目标

价值管理会计体系是以现有的管理会计体系为基础，结合价值管理思想和企业价值的量度要求建立起来的。价值管理会计体系的定位体现在以下三个方面。

首先，现有的管理会计体系具备理论方法上的可行性和实践基础，其基本结构依然是价值管理会计体系的主要框架。

其次，价值管理会计体系在决策支持和信息提供过程中以价值管理思想为基础，更多地考虑了股东价值最大化这一因素。

最后，价值管理会计体系结合最能反映股东利益诉求的企业价值量度指标，根据企业价值的驱动因素分析结果，对应现有管理会计体系在上述驱动因素当中的驱动路径，对现有管理会计体系的结构进行强化，对重要的价值环节加以强调，同时对管理理论和方法加以完善和补充。

价值管理会计体系的构建目标是完善和发展现有管理会计体系，辅助实现企业价值最大化，构建企业价值管理决策信息系统，促进价值型企业组织的建设和企业价值文化的发展。其中体系的完善和发展是基础，价值决策信息系统的构建是核心，价值型组织建设和发展企业价值文化是终极目标。

（三）价值管理会计体系的内容框架

根据现有管理会计体系的经典框架，结合价值管理的要求和企业价值度量的基本分析，价值管理会计体系以企业价值为主线，其具体内容包括以下七项。

第一，价值分析。分析企业价值关键驱动因素及相关指标变动对企业价值的影响。

第二，价值预测。预测企业中长期的价值发展成果，进行价值规划。

第三，价值决策。根据企业价值预测的具体结果，作出企业的相关管理决策。

第四，价值预算。反映影响企业价值的各项预算计划。

第五，价值控制。构建企业产品价值、经营过程以及资产管理的控制制度。

第六，价值评价。反映企业各责任中心的价值创造成果，通过考评的形式改进企业经营活动。

第七，价值激励。反映对价值创造实体的奖惩、利益相关者的利益分配以及企业价值的留存与循环过程。

价值管理会计体系继承管理会计体系的基本分析框架，根据价值管理的要求，对各个环节的理论和方法进行重构，最终形成符合价值管理要求、反映企业价值发展状况的管理会计信息系统。

二、价值管理会计的理论和方法体系

（一）价值分析

价值分析是对影响企业价值的关键驱动因素进行的定性和定量分析。虽然影响企业价值的具体指标因企业的性质和经营情况各有不同，但是影响不同企业价值大小的因素都可以划分为营业收入、成本费用、资本占用、资产管理、项目投资等关键价值驱动因素。价值分析是对这些关键驱动因素的定性和定量描述，通过分析这些驱动因素的共同价值特征，探究其对企业价值的影响方向和程度，为不同企业对这些因素进行细化、进行特定的价值分析提供理论和方法依据。价值分析包括营业收入分析、成本费用分析、资本运营分析、资产使用分析和项目投资分析等具体内容。

1. 营业收入分析

营业收入是企业价值的主要来源。对于生产销售产品的一般企业而言，企业的营业收入由产品销售价格和销售数量共同决定，保证在较高的销售价格基础上实现最大化的产品销售是企业收入管理的基本目标。一方面，企业需要考虑产品定价对企业价值的影响：过低的定价会毁损企业价值。而过高的定价会限制企业当期的销售水平，甚至影响企业产品的长期销售。因此企业需要综合考虑各种因素制定企业的定价和销售政策。另一方面，合理的产品布局是企业提高销售水平的关键。分析不同产品销售情况对企业价值的贡献和影响程度，能够使企业对产品的市场表现有基本的定性和定量认识，从而确定合理的产业布局，为企业提升价值打好基础。

2. 成本费用分析

成本费用是企业价值的主要减项。根据企业的生产经营性质，可以将成本费用划分为生产性成本费用、经营性成本费用两类。生产性成本费用是为生产产品而发生的各项成本费用支出，是企业产品实体形成过程中的主要费用开支，包括产品的生产成本、设备的折旧费用等。在保证产品功能和质量的基础上尽可能降低生产性成本费用的开支是确保企业价值实现的基本方法。

经营性成本费用是企业为当前及以后期间的生产经营活动而发生的各项费用支出，是企业持续经营、实践价值管理的主要费用开支，包括企业的各项期间费用（销售费用、管理费用、财务费用等）。一方面节约上述费用开支有助于企业提升当期价值，另一方面当期费用的提升在很大程度上又是为了保证企业当前及长远价值总体的最大化，为此企业必须分析成本费用的具体性质，本着提升企业总体价值的原则，开展费用支出及生产经营活动的规划分析，为后续价值预测及合理地制订预算计划奠定基础。

3．资产使用分析

资产使用分析是对企业当前资产占用的效率和效果进行的分析，其目的是提高当前资本的利用效率，提升企业的价值创造水平。具体包括资产总量和结构分析、资产使用效率分析以及资产价值贡献分析三部分内容。

资产总量和结构分析是对企业资产的价值分布进行的基础分析，明确资产布局和占用的基本情况能够使企业从总体上把握企业的资产使用情况，更好地优化资源配置。

资产使用效率分析主要是对各项资产的周转和利用状况进行的分析，通过分析可以反映企业各种资产的价值创造水平和利用效率，是企业营运能力和价值创造能力的具体体现。

资产价值贡献分析是根据各种资产的不同属性以及资产运行和创造价值的各种指标，对各项资产在价值创造过程中的贡献进行的具体评价，是企业进行具体资产管理活动的基本依据，进行资产价值贡献分析有助于企业在资产布局和运营效率分析的基础上分析各项资产的价值动因，提升企业资产的价值创造效能，从根本上推动企业的资产管理和价值创造活动不断升级和发展。

4．资本运营分析

资本运营分析是对企业资本规模、结构及使用成本等主要指标进行的相关分析。这些指标决定了企业价值计量模型中资本占用、加权平均资本成本率等重要指标，是影响企业当前营运、未来成长以及总体价值的重要分析内容。资本规模分析主要是对企业现有资本总量以及未来可增加和利用的资本总量进行的分析，这些资本为企业价值确定了总体的价值范围，是企业价值产生的基础。

资本结构分析主要是对企业资本中负债资本与权益资本的价值构成和目标比例等关键问题进行的分析和研究，有助于明确企业资本的来源、构成以及目标价值结构，为企业开展资本运营活动提供依据。资本成本分析是对企业资本的总体成本进行的分析，是衡量企业价值过程中必须考虑的重要内容。只有准确描述负债资本、股权资本以及企业全部资本的成本，才能确定企业的真实资本成本，从而确定企业的资本成本目标，准确地计量企业价值，为改进企业的资本运营活动作出贡献。

5. 项目投资分析

项目投资分析是对企业的产品和经营项目运行的基本情况进行的分析，包括总体情况分析、价值绩效分析以及具体项目评价等内容。

总体情况分析主要描述企业各个时期在各类项目中的总体投入，分析投资的总体规模和价值绩效完成情况，是企业总体投资规划的重要参考。

价值绩效分析是根据各项项目投资的规模和不同的价值分析指标，对项目投资的价值绩效进行的定性和定量描述，有助于企业按照价值绩效标准加强项目管理与控制，提升项目的运作效能。

具体项目评价是各部门针对具体的投资项目开展的价值分析。依据各类项目总体的价值标准，具体衡量每个项目的实际表现，并改进部门的项目运作，是对企业项目投资总体规模分析和价值绩效分析的进一步细化，有利于项目价值管理的责任落实和实践开展，对企业持续开展项目投资价值管理具有基础作用和实践意义。

（二）价值预测

价值预测是企业为规划和衡量企业价值发展情况而作的各种预测。根据企业价值管理的需要，价值预测包括当前营运价值预测和未来成长价值预测两部分，分别选取影响企业价值的关键驱动因素对应的相关指标，根据已结束的经营期的实际经营成果和企业对不同指标增减变动的预期预测企业未来一段时期内各项指标的变动情况，形成企业中长期（一般为一个经济发展周期，通常为五年）发展规划，为企业的生产经营活动提供参考依据。

1. 当前营运价值预测

企业当前营运价值预测包括营业收入预测、营业成本预测和资产使用情况预测三方面内容。

营业收入预测涉及企业各种产品的销售价格和销售量两个指标，在对每种产品进行预测的基础上可以汇总得出企业预期的营业收入总额和销售总额以及具体结构，能够帮助企业进行生产和销售决策分析，制订合理的营业计划。

成本费用预测分别对企业的生产性成本费用和经营性成本费用展开预测，按照影响企业价值的层次归集当前营运价值的成本费用数据，与营业收入的相关指标相配比。通过各项指标的预测，企业最终能够汇总得出当前营运价值的形成路径和预测体系，据此进行有关的决策和预算工作。

资产使用情况预测包括预计各部门各项资产的价值总量、利用资产创造的价值总量，以及各类资产的价值创造标准和价值目标等内容，体现企业利用现有资产创造价值的能力，是企业当前营运价值在资产管理能力方面的重要体现。

2．未来成长价值预测

企业的未来成长价值预测包括资本运营情况预测和项目投资预测两方面内容。资本运营情况预测包括企业资本规模、结构及资本成本构成情况等规划内容。项目投资预测涉及预计通过项目运作获得的收入、发生的与项目资产和经营管理相关的各项成本费用以及预期给企业带来的价值流入（预期 EVA 折现值）等内容。

3．企业总价值预测

企业总价值预测是通过当前营运价值预测和未来成长价值预计得到反映企业价值创造综合能力的企业总价值的预测过程，是企业短期决策与长期决策、当前价值与长期价值水平和能力的综合体现。在企业总价值预测过程中，主要采用当前营运价值预测和未来成长价值预测中的分析指标，重点反映企业的价值流入、资产使用情况和资本运营状况，评估企业利用资本和资产创造价值的综合能力。

（三）价值决策

价值决策是企业在开展价值管理活动过程中，以价值创造指标为核心，分析企业各项经济决策和行为对价值目标的影响，从而以增加企业价值为目的开展的各项生产经营和管理决策活动。价值决策一方面着眼于企业价值成果的最大化，另一方面着眼于企业资源的优化配置和高效利用，既能为企业开源节流，又能提高资源使用效率、利用效能和利用效果，为企业的价值发展提供动力。价值决策包括价值成果导向决策和资源利用导向决策两大类。

1．价值成果导向决策

价值成果导向决策的目的是为企业开源节流，引导企业经营活动向价值成果最大化的方向进行，最大限度地实现企业经营的价值成果，保全企业价值。价值成果导向决策包括收入管理决策、成本费用管理决策等主要内容。

（1）收入管理决策。收入管理决策是为了提升企业的价值流入水平。一方面，在企业产品销售价格高于产品成本时，销售量的不断增加促进了收入的增长；另一方面，产品成本过高会导致企业入不敷出，在这种情况下企业价值会发生毁损。因此，收入管理决策的主要内容是：努力提高产品销售价格，在单位产品取得正收益的基础上，不断提高产品的销售量，实现企业收益和价值的最大化。

（2）成本费用管理决策。成本费用是企业价值的抵减项，不仅消耗了企业的资源，而且制约着产品销售量提升对企业价值的作用方向和贡献程度。成本费用管理决策的总体原则是实现经济实质状态下价值流入净额的最大化。对于只计入当前经营期间的成本费用来说，能使当期费用总额最小或是能保证单位产品收益最大就可以实现决策目标；而对于影响多个经营期间的成本费用来说，企业应当先按照成本费用发生的经济实质确认其归属的经营期间，把长期作用的成本费用按照价值创造的基本原则当期化，然后再按照单期发生的成本费用进行相关的决策管理。

2．资源利用导向决策

资源利用导向决策的目的是挖掘企业价值创造的潜力和动力，引导企业的经济行为向不断提高资源利用效率的方向发展，形成资源总量、资源利用效率、资源利用效果不断提升的价值发展路径，从而奠定企业价值提升的坚实基础。企业还需要将资源管理与组织管理相结合，落实各部门权利义务关系，形成企业价值发展的体制机制，确保决策目标的贯彻落实。资源利用导向决策包括资产管理决策、资本管理决策和项目投资决策三方面内容。

（1）资产管理决策。资产管理决策的着眼点是减少闲置资产总量，提高资产利用效率和利用效果，提高资产的价值创造能力。针对固定资产而言，①确定不同资产的使用部门，明确其权责关系和价值目标，同时便于企业对闲置资产进行统一管理和调度；②确定不同资产的价值创造标准，明确与资产相关的价值流入和流出的关系，更好地衡量企业的资产管理和价值创造水平。对于流动资产来说，一方面，需要根据其使用部门进行定额和权责管理，确定各部门现金、存货、应收账款的保有数量；另一方面，流动资产的价值创造水平视不同部门的周转效率和经营特性而定，因此流动资产管理决策还应突出各营运部门的价值特性，根据不同的现金、存货和应收账款周转效率选择适合的最佳持有量估计模式，制定相应的管理决策。

（2）资本管理决策。资本管理决策是由企业最高管理层制定的事关企业总体发展的决策内容，其总体原则是确定恰当的资本规模、优化资本结构、尽可能降低资本成本。首先，适应企业既定价值发展水平的资本规模是有一定水平限制的，过高的资本规模会导致资源闲置，发生不必要的成本支出；其次，企业需要保持符合自身价值发展目标的稳定的资本结构，同时避免自身和外界因素导致的资本问题对企业价值创造活动产生的不利影响；最后，引入优质低廉的资本、提高资本周转效率是降低企业资本成本、提高企业价值的重要途径，也是企业资本管理决策需要长期关注的重点内容。

（3）项目投资决策。项目投资决策是企业总体和各业务部门对参与的投资项目进行的全过程价值评估与决策制定过程，包括项目可行性研究阶段、项目施工建设阶段、项目投入使用阶段以及项目经济效益后评价阶段的管理决策内容。项目可行性研究阶段主要关注项目投资能够为企业带来的经济效益和社会效益，包括企业可以获得的价值收益、项目自身特性能够为企业减少的风险和损失以及项目对企业组织和社会带来的积极影响等。项目施工建设阶段着眼于在保证质量的基础上缩短工期、降低成本。项目投入使用阶段主要关注项目营运状况，包括价值收益能力、经营风险管理能力以及企业资源管理能力等内容。项目经济效益后评价阶段将各项指标与可行性研究阶段进行对比和差异分析，从中发现并解决问题，提升价值管理水平。

（四）价值预算

价值预算是针对企业价值预测结果和价值决策形成的总体战略规划的各项具体计划。价值预算的内容包括当前营运价值预算、未来成长价值预算两方面内容。

1. 当前营运价值预算

企业当前营运价值预算包括营业收入预算、成本费用预算、资产使用预算等内容。

（1）营业收入预算。营业收入预算主要确定本期产品的销售计划，包括不同产品的销售量和销售价格，以及综合实现的企业价值总流入。在以历年销售数据为依据的基础之上，还要充分考虑营运期间各项指标可能发生的变化，据此编制详细的预算计划。

（2）成本费用预算。成本费用预算反映企业利用现有资本创造价值过程中发生的与当期和未来各期 EVA 价值指标相关的各项成本费用，将其分别列支，并分别体现为不同期间的成本费用总额，编制总的成本费用预算。成本费用预算一般应根据不同期间企业的成本特性，反映各个期间的成本费用情况，与每个期间的价值创造保持一致。

（3）资产使用预算。资产使用预算是基于资产管理的思想，对企业各部门使用资产创造价值的情况进行分析和评价的基本计划。该预算根据资产的领用和使用部门，将资产的当前价值相应分配到各个部门；在体现各部门领用资产价值的同时，反映各部门资产价值创造标准和价值创造总量等基本情况，为后续相关指标的比较分析提供依据。资产使用预算能够反映各部门利用资产的效率和效果，对企业加强资产管理，实现企业价值具有重要作用。

2. 未来成长价值预算

企业的未来成长价值预算包括资本投入预算以及项目投资预算等内容。

（1）资本投入预算。资本投入预算考察企业为未来价值成长引入新增资本投资的预算计划，涉及预期的企业投资方、资本属性（股权或债权）、投资方式（资金、资产、技术等）以及投资额度等内容，为合理估计企业新增资本的来源提供参考。

（2）项目投资预算。项目投资预算是企业在未来期间内扩大生产经营能力，增加现有资本规模的基本计划。根据企业开展的业务、项目以及资产布局，按照管理层级逐级编制各部门直至企业总体的资产投资预算计划。项目投资预算能够反映企业新增资本的去向，体现企业未来发展的能力。

基于上述内容编制的企业未来成长价值预算应当反映企业在一定经营期间内影响未来成长价值的关键驱动因素的价值流动情况以及最终的价值

成果。

（五）价值控制

价值控制是针对企业价值管理的全过程进行的控制活动。对产品价值实现、经营管理活动及资产使用等进行有效的控制和监督，为确保企业价值最大化目标实现提供组织、制度和实践保障。价值控制包括产品价值控制、经营过程控制和资产价值控制等内容。

（1）产品价值控制。产品价值控制重点关注产品的设计（功能和质量）、产品的价格以及产品的营销三个重要的价值属性。产品设计要为企业提供持续创造价值的物质源泉，持续改进产品制造工艺和功能样式创新是保证产品设计价值的关键控制手段。产品的定价是企业赢得价值优势的重要手段，针对不同产品采用不同的定价策略，获取最高的价值流入是产品价格控制的关键。对市场认可程度较高的产品制定较高的价格，对同质产品、广泛存在的产品制定具有竞争优势的价格。产品营销是促进产品价值收获的重要手段。为保证价值流入，企业需要采用必要的宣传和营销方法使产品的销售价格和销售量达到最高水平。

（2）经营过程控制。经营过程控制是实现企业价值的重要保证。各个环节的管理疏忽归结在一起就会无限放大企业的价值缺陷，引发连锁反应。企业的价值过程涉及不同产品系统及其管理控制体系共同构成的价值网络，包括产品系统、经营管理系统以及组织控制系统等不同的价值链条。企业价值的控制管理需要以组织制度和文化理念为核心，在产品生产系统流程中落实经营管理责任制度，明确以股东价值为基础的企业共同的价值目标和各个部门的具体工作计划。过程控制是考核评价和激励机制能否落实的关键，更是企业价值管理体制能否正常运行、形成企业良性的价值循环的关键。

（3）资产价值控制。资产是创造企业价值的源泉和动力，资产管理是企业价值管理的核心。控制资产价值，能够从源头上确保企业价值不发生流失，提高资源的利用效率。资产价值控制要以企业的管理体系为核心，结合资产管理预算制度，分层次分部门反映每个责任主体的资产价值控制情况，形成资产管理的行为机制。自始至终加强资产质量管理，对于企业价值创造的连续性和稳定性具有重要作用。

（六）价值评价

价值评价是对企业不同部门的价值创造成果进行的衡量与考核。企业的价值评价需要依托不同的业务部门开展，这些部门之间存在几种共同的价值属性（消耗成本费用、创造价值、扩张企业资本等）。依据不同的价值属性可以确定不同业务部门的价值业绩衡量标准，从而划分不同的责任主体，对其价值创造情况进行评价。价值预算是价值评价的重要依据，企业可以根据总体和各部门的价值创造情况，结合预算计划，落实各部门的管理责任，明确其价值业绩和工作成果。

企业可以划分成本费用中心、价值创造中心、资本投资中心等责任中心，针对不同责任中心的价值创造特征及其具体表现，对企业各部门的工作进行评价。针对不同责任中心，企业应当采用不同的价值评价方法。对资本投资中心而言，其根本任务是引入资本投资并开展资产投资活动，在这两方面工作的具体表现是确定其价值创造成果的重要依据。对价值创造中心而言，其核心任务是销售已生产的产品并创造价值，但是其价值表现并不是由销售业绩这一单一因素决定的，价值创造中心的成本费用消耗和资产使用状况与销售业绩共同决定了其价值创造的效率和效果，在这三方面的综合表现也就成为评价其价值创造成果的依据。对成本费用中心而言，其主要职责是确保企业的正常运转，虽然并不直接创造价值，但是其节约的成本费用和资产使用效率的提升都对企业价值的留存有重要贡献，价值评价过程中要对这两方面因素综合考虑。

企业的各种责任中心没有必然的高低之分，应当根据不同企业的情况，确定不同责任中心的重要性，在此基础上确定各责任中心的具体价值评价标准。

（七）价值激励

价值激励是价值管理会计体系流程的最终环节，是价值管理循环过程的衔接点。价值激励需要参照企业各部门及企业职工（价值创造实体）、企业经营的相关经济主体（利益相关者）以及企业自身价值发展的需求，以当期实现的价值创造成果和价值分配政策为核心，确定不同经济主体的奖惩制度和价值分配办法，以确保和提高各经济主体为企业价值发展提供持续支持的积极性，实现企业价值提升的良性循环。

价值激励方法包括价值创造实体奖惩机制、利益相关者利益分享机制以及价值循环和留存机制。企业根据自身的发展需要确定三种价值激励机制的利益分享总额，通常为企业价值创造成果的一定比例，然后根据各利益需求实体和企业自身的实际需要确定分享额度。

1．价值创造实体奖惩机制

价值创造实体奖惩机制基于价值评价过程确定。企业根据实际情况，分别确定责任中心和企业员工的利益分享额度。首先，企业分别确定不同资本投资中心、价值创造中心、成本费用中心的利益分享额，根据不同责任中心的价值目标和价值表现确定奖惩计划。如果责任中心完成预期的价值目标，则给予相应的价值奖励，否则将在下一期间的预算计划中扣减相应责任中心的预算额度。其次，确定企业职工的价值福利。可以采用多种分配形式。对于基层员工和中低层管理者可以采用物质奖励与职位晋升相结合的分配方式，对于高层管理者可以采用物质奖励和股票期权等投资形式的分配方式，而且要采用长期的激励机制，避免他们危害企业未来成长的短期投机行为。

2．利益相关者利益分享机制

利益相关者利益分享机制是针对企业的全部重要利益相关者的价值分配措施。股利分配是反映企业对待股东态度的重要价值分配政策，是股东获取投资收益的重要来源，这种激励方式带来的资本投资效应不应被企业忽视。作为偿付顺序在股东之前的债权人，对于自身债权投资有着既定的回报要求，这是企业必须满足的，否则企业资金链的健康就会受到威胁。在考虑了债权人和股东的需求之后，针对企业的其他重要利益相关者，如企业所在社区、国家有关部门、客户和供应商等，企业应当以公益方式、投资资助、价格优惠等履行社会责任和分派红利的形式给予回馈，保证企业经营链条的健康稳定。

3．价值循环和留存机制

价值循环和留存机制是保证股东利益、实现企业持续经营和价值发展的重要机制保障。从理论上讲，企业应当把很大一部分价值创造成果留存于企业，并在下个价值循环过程中投入使用，以保证企业的价值发展。除法律和按照会计准则规定需要计提的盈余公积之外，企业还可以根据实际的收益情况留存一部分价值创造成果，以防止突发事件的发生危及企业的持续经营和生存。合理的价值分配与留存既是企业的资金和运营实力的体现，又是企业的价值发展之道。

三、价值管理会计体系与传统管理会计体系的关联

（一）价值分析与成本分析的关联

价值分析与成本分析的联系在于二者都注重对期间收益指标的分析和

衡量，都通过分析相关指标的经济性质试图引导企业管理者做出适应企业发展的经济决策。

价值分析与成本分析的区别在于二者的价值着眼点存在差别。成本分析关注短期决策导向下的期间收益，建立了以“成本—产量—利润”为主线的成本分析路径。而价值分析体现了企业价值的全局性和一致性，强调当前营运价值和未来成长价值两类驱动因素在各个期间的持续共同作用，建立了包括“成本费用—销售量—EVA”以及“资产管理、资本运营、项目投资”在内的双主线的价值分析路径，对企业价值进行全面分析和评价。

（二）价值预测与预测管理的关联

价值预测与预测管理的联系在于二者共同关注与企业经营相关的各项指标和资金需求的变动情况。经营活动是企业经济活动的核心，是预测管理活动关注的重点。

价值预测与预测管理的区别在于预测的内容和范围不同。预测管理主要关注收益指标和资金需求，涉及企业在每个单独核算的预测期间的经营表现，是基于传统的期间收益观念作出的预测。而价值预测着眼于企业的价值指标和资源配置，并且按照不同的预测期间界定了企业总体价值的预期水平，不仅拓展了预测的内容，而且明确了企业价值划定的范围，是基于长期价值发展的观念作出的预测。

（三）价值决策与决策管理的关联

价值决策与决策管理的联系在于：①考虑了企业的生产经营过程；②重视对现金、存货、应收账款等发生资本占用资源的管理；③将投资决策作为决策管理的重要内容之一，在可行性研究阶段利用投资的经济价值水平进行决策。

价值决策与决策管理的区别在于：①将生产经营过程的决策活动落实到对价值驱动因素指标的决策分析过程；②将企业资源决策拓展到包含资本占用资源和现有使用资产在内的广义资源决策；③在项目可行性研究阶段、施工建设阶段、投产使用阶段以及后期的销售经营阶段都要进行投资决策。

（四）价值预算与预算管理的关联

价值预算与预算管理的联系在于二者都制订了有关期间财务状况、经营成果、现金流量和投资情况的基本预算计划，着眼于企业管理活动的主要方面。

价值预算与预算管理的区别在于：传统预算管理是以期间收益观念为基础进行的，反映每个期间的经营计划，对企业价值的实时反映是一种扭曲；而价值预算则以企业长期价值观念为依托，沿用期间预算计划的基本考核制度，将企业的财务状况、经营成果、现金流量和投资情况纳入企业价值的规划体系当中，能够体现企业在不同期间的价值水平，为企业的经营管理活动提供正确的价值信号。

（五）价值控制与成本控制的关联

价值控制与成本控制的联系在于关注共同的成本因素，承认成本控制是企业管理控制的重要手段和方法之一，也是企业需要和能够控制的重要内容。

价值控制与成本控制的区别在于成本控制范围和理念的差异。企业的管理控制活动不再局限于成本控制的狭义范畴，而是拓展到产品控制、过程控制、资产控制的广义范畴，使得价值管理下的控制活动更为全面深入。

（六）价值评价与考核评价的关联

价值评价与考核评价的联系在于涉及共同的考核评价对象，同时都需要按照企业业务部门的性质对价值创造实体的经营业绩进行评价。

价值评价与考核评价的区别在于对业务部门的价值属性进行了一定的修正，将管理会计体系下的成本中心、利润中心和投资中心升级到反映价值指标的成本费用中心、价值创造中心和资本投资中心，扩充了各业务部门的业务评价范围，同时更多地考虑了资产管理的因素，将资产运营表现作为评价价值创造实体业绩的重要依据。

（七）价值激励与激励机制的关联

价值激励与激励机制的联系在于二者都需要考虑价值创造实体的经济利益和以股东为首的利益相关者的利益分配需求，建立相应的奖惩机制和利益分配方案。

价值激励与激励机制的区别在于强化了价值创造实体的价值奖惩机制和利益相关者的更广泛价值分配，同时更加强调企业自身价值循环和发展对价值分配的需求，符合企业价值可持续发展的基本思想。

第八章　现代管理会计人才培养

第一节　企业中的管理会计人才培养

“随着政府治理能力的逐步现代化，管理会计在企业、行政事业单位的应用越来越广泛，财会行业将会加速变革，财务工作充满机遇和挑战。”①

一、现代组织对会计人才职业的需求

第一，决策支持。现代组织应对复杂快速多变的外部环境，其经营管理决策非常需要会计信息的支持与辅助，特别是对于管理会计的需求非常迫切。但是由于我国管理会计系统发展尚处于初级阶段，会计人员对管理的决策支持作用还没有体现出来。造成这种局面的原因有两个方面，①会计人员无法进入决策者队伍；②现有会计人员在掌握和熟练运用管理会计工具方面还较为欠缺，工作中对管理会计决策能力的训练不足，无法进入决策队伍中，自身存在短板。

第二，视野宽阔。在严格的企业准则体系训练下，会计人员在工作中无法跳出会计看会计，视野局限不开阔，无法注意到会计以外的信息对企业发展和决策的影响，包括对会计工作推进的影响。

第三，具备较强沟通和实践能力。现实中的企业会计人员，大多敬业、严谨、敏于行、讷于言，工作中实践能力较强，但是缺乏沟通能力。特别是在企业经营活动分析中，无法用通俗的语言、生动的案例将财务信息所反映的问题，传达给企业各部门，无法做到按照各部门需求解读会计信息。因此，在会计实践操作技能基础上，增强管理会计的分析能力、沟通能力，解读和翻译会计信息也是当前组织对会计人才的需求。

第四，思想与技能随信息技术提升。近年来伴随互联网技术的突破，云计算、大数据已成为信息化发展方式的重大变革。这一变革不仅是技术

---

① 神芳艳．基于管理会计视角下高校财务人员的职业发展[J]．中国乡镇企业会计，2021（9）：197-198．

上的，而且也是思维上的变革，作为与数字、数据打交道的会计人员，应能在这种技术和思维的变革中赢得先机。因此，如何在这种信息技术的变革中跟上时代的步伐，从 IT 走向 DT，让云计算、大数据与会计结合，更准确些说是让云计算、大数据与管理会计结合，让现有的会计数据成为资源，成为能为企业发展、决策提供更好依据的资源，这是组织对会计人才的全新要求。

二、企业管理会计的从业技能需求

第一，管理会计为企业提供能够产生效益的方案。项目的正确投资、资金的有效利用，是企业获得效益的前提保障。如果企业无法在项目选择上作出正确决策，甚至将大量资金闲置存放在银行，这对企业而言是在减少效益。管理会计可以利用财务会计信息，提前对市场和项目作出预测，帮助企业尽快找到收益项目，将闲置资金充分利用起来，实现企业资源的充分利用，为企业创造更大价值。

第二，管理会计可以减少决策的盲目性，降低企业经营风险。管理会计通过对企业战略、财务状况和市场环境的预测和判断，对投资等活动进行严格的数据论证，帮助企业科学决策，防止决策的随意性和片面性，用管理会计的数据分析方法向管理层提供最优方案的建议，大大降低了管理决策失误的概率。

第三，管理会计通过其价值链会计有效提升企业价值。价值链会计不是传统管理会计只关注企业自己如何提升价值，而是关注与企业相关的价值链整体价值的提升，通过提升价值链整体价值，来提升企业价值。当然企业可以通过优化内部价值链提升企业价值，也可以通过优化外部价值链提升企业价值。这两方面都有潜力可挖，都可以大有作为。但是一味追求大而全，对企业而言就会造成过高的成本和资源的分散，也就无法集中力量创造更大的价值。如果企业找准了自身在整个价值链中的位置，集中精力做好自己的工作，反而更有利于价值创造。例如，企业的优势是产品设计和制造，物流和营销并无优势可言，企业就可以与相关有物流和营销优势的企业合作，集中精力将产品设计和制造做好，在合作中创造更多价值。

第四，管理会计为企业创造价值的关键在于找准价值增长点。企业中许多活动的价值增长情况是不一样的。有的活动可以极大地提升企业价值，有的活动则提升得非常有限，有的活动甚至在降低企业价值。例如，企业某个创新产品，大大改善了企业产品构成，企业销售量明显增加，管理会计就要及时加以反映，是将企业有限的资源投入研究开发还是投入市场营销或者内部信息系统完善，对于这些问题，管理会计人员必须从企业战略角度出发，发现长期价值增长点，帮助企业规划利用资源，发挥资源的最大有效性。

第五，管理会计为企业创造价值还在于提高其有用性。管理会计的本质是能够为企业创造价值，不仅在理论层面上要加强对管理会计的深入研究，在实践中更要让管理会计发挥其决策有用性，为企业创造实际价值。管理会计只有在企业实践中得到充分应用，并得到企业的认可，才有可能发挥其价值，否则将会流于形式，变成企业的职能机构摆设。这就需要人们了解管理会计工具和方法，并将方法付诸实践，让管理者想用、好用，并真正为企业价值决策提供成功案例，让管理会计逐步渗透企业经营管理各个环节，让所有员工受益。

管理会计工作人员是企业专业的财务与管理活动分析人员，他们需要全盘了解企业的战略与经营情况，更需要得到经营管理层的理解和支持。这就需要管理会计人员发挥潜力，充分利用职业技能在管理会计分析和报告上下功夫，让管理会计逐步成为引领企业经营和管理的工具，真正发挥管理会计作用，为企业创造价值。

三、企业管理会计的实践转型发展

财务会计人才与管理会计人才最大的区别在于思维。财务会计人员的思维是一种会计思维，偏向于账表的核算编制，而管理会计人员则是一种管理思维和商业思维，他们与业务部分有着紧密的联系，喜欢了解每个交易背后的“故事”，并由此将财务管理与业务更紧密地联系起来。管理会计更关注于未来价值创造。历史的数据是无法改变的，通过对历史数据的提炼总结，在规划未来时起到应有的作用。数据核算本身不能创造价值，管理会计将数据转化为结论信息，对企业具有实际指导意义。

在实际工作中，财务与业务的融合成为财务人员转型管理会计的关键。构建基于企业所需的管理会计模式，强化财务业务一体化是转型管理会计的必经之路，财务人员不能坐在办公室，必须走到生产一线，深入现场，熟悉生产流程，了解业务运营环节，学会倾听，用心观察，不断积累总结，这样才能将数据报告背后的真相生动地阐述出来，从而提高财务分析的有效性。企业的可持续发展既需要精益化的管理，又需要有一定的战略高度。财务分析必须同时兼顾企业整体与局部两个方面，要求财务人员在做财务分析时，既要站在企业战略的高度和全局的视野去洞察事物变化规律，又要通过专业财务技能做好企业精益化管理。

为积极适应新常态转型发展要求，财务人员应主动学习，不断充实完善知识结构，积累丰富的实践经验。由于管理会计工作需要考虑的因素比较多，涉及的内容也比较复杂，因而要求从事这项工作的人员必须具有较强的分析问题、解决问题的能力。另外，财务人员应始终保持良好的职业素养，包括拥有冷静的头脑、缜密的思维、对数据高度敏感的神经，且为人要正直谦逊、不卑不亢，具有良好的职业道德操守。

第二节　高校管理会计人才培养

一、基于区块链技术的高校管理会计人才培养

高新技术的发展促使大数据、智能化、移动互联网及云计算等技术从概念变为现实。“大智移云”新时代潮流下，区块链技术成为发展热潮，其实质为大型共享数据库。区块链不仅是一种技术，而且是一种新理念、新组织和新框架，将其应用于管理会计有利于减少会计信息错误，提供准确的决策信息，也有利于降低成本、提升管理能力和保护企业信息，从一定程度上促进企业利润增长。

推动区块链技术的应用对管理会计人才掌握专业知识、清晰理解企业流程体系构成、加强岗位认知、深化“大智移云”技术、实现复合型管理人才培养和强化业财融合财务会计专业知识等方面有着重要作用。因此，在“大智移云”对区块链技术愈发重视的时代背景下，研究基于区块链技术高等院校管理会计人才培养模式研究，有利于更新及扩展管理会计人才培养研究范畴。

（一）基于区块链技术的管理会计人才创新培养模式

区块链技术在管理会计人才培养中的应用表现在对管理会计人才的教学方面，利用区块链基于去中心化程度及公开性的三大链条形式一私有链、联盟链及公有链，以期实现对管理会计人才教育、培养与系统支持。

私有链、联盟链及公有链保密性、安全性各有不同。私有链是基于分

布式记账方法，利用总账式办法，实现个人或私人独享区块链记录的权限。联盟链本质为托管记账，先划取预选节点为“记账人”，其他节点可参与交易，但每个块的共识达成及对应的风险程度仍旧为预选节点所定。对于联盟链而言，其他公众群体可以查询市场数据，通过云端节点来实现对区块链技术使用者的特殊需求，但联盟链中仍存有相应的私密性。而公有链为当今应用最广泛的区块链，社会群体或个人都可以参与其共识过程，所以利用区块链的三大链条，可以解决上述相关传统管理会计人才培养方式上存在的局限性，实现管理会计人才培养方案全面化、智能化和低成本化，增强管理会计人才培养信息共享能力，丰富管理会计人才培养实践应用。对于区块链技术在管理人才培养过程中的应用还有利于实现扁平化、开放式和分布式的学习新模式，利于提升管理会计人才找寻、处理和分析信息的能力，加强与教师的沟通，减轻教师教学压力，增加教学资源最大化应用的可能性。

1. 建设管理会计人才培养平台

利用私有链的部分中心化特点及区块链密钥技术，实现学信大数据的搜集及智能化教育交易体系的建立。该体系通过私有链节点链接的私密性、利用共识机制的可追溯安全可靠的性质实现点对点的全天候自动化虚拟货币交易，利于对人才培养的教育培训等付费合约尽快达成，减少中介平台在管理会计人才教育上的运营维护费，提供有质量的在线学习服务及可永久性追踪查询的服务交易信息。通过联盟链的部分去中心化及其授权用户可用的特点，建立半中心化教育系统，如互联链智慧校园、协同合作平台、师生联通化教学模式、校企远程协作和业财融合知识体系共享平台等加强对管理会计人才的培养。互联网智慧校园及公开模式的师生联通化半教学，便于学生进行线上课程学习及教师评分，利于学生对专业课程进行学习和利于扩大管理会计人才队伍。同时与企业之间构建了校企远程协作，让管理会计人才对企业的公开信息、财务处理流程及企业管理信息系统等应用更加了解，丰富其实践经验。

开放教育资源（OER）为全世界管理会计教育者和受教者创造大量免费的数字信息化资源，解决信息资源孤岛问题。区块链下的OER机制可以自动判断重复、无效和低质量的信息，提高资源质量。公开交流平台可以保证管理会计人才的后续教育及重点难点问题的探讨，达成“以人为中心”的当代教育理念。而去中心化的教育系统也将打破教育权力被学校或政府机构垄断局面，面向全民解决继续教育认证及评估难题。三大区块链条所建立的管理会计人才培养平台相互影响，成为一个递推循环式有机整体。

2．创新管理会计人才培养模式

私有链为管理会计人才培养提供多样化传授模式，确定管理会计人才培养的目标、方式和过程，将管理会计人才培养划分为通识性知识传授层、专业化教育培训层及实践应用教育层。建立学习管理区块链数据规范，以用户信息、权限、课件信息和学习时间通知为基础，形成知识库、习题库，帮助管理会计人才进行通识性知识的学习。而管理会计人才经过前述经验积累后，在企业实习等实践实训过程中通过深入调研企业管理流程等实现与企业信息的交互，借用私有链形成一套学生成长树上链，并以此加强对企业管理会计中云管理（预算评估、日常经验、决策分析及价值流程管理等）及云数据储存的信息搜集，掌握业财融合的知识体系，达成实践应用层级的教育模式。基于私有链的管理会计人才培养模式为提高管理人才理解认知能力、创新力及数据收集分析能力提供帮助。

联盟链为管理会计人才培养提供共享协作及教学互评的学习模式。联盟链下的教学模块为管理会计专业学生提供自主学习的路径及知识成果体系的分享，达成商业流程与管理会计知识共识机制下的教育维度。学生在管理会计专业课程中可以不限时、不限地对管理会计知识进行选择性学习，每个人都是一个“微课堂”，学习后的分享内容将为别的学生提供学习参考，并可在平台上交流探讨。利用联盟链的部分去中心化协议，教师可以观测学生的学习情况，也可以实现师生互通、教学互评。

公有链为管理会计人才培养提供了扁平化、开放式及分布式的学习模式。利用区块链的分布式记账及公钥技术，以企业作为管理会计人才培养的指引者，以学校作为管理会计人才培养的教学体系的制定者，以研究协会、行业协会作为管理会计人才培养的教学体系制定的参与者，以教育部门作为最终认定者，为管理会计人才培养体系协同提供完整的学习内容。管理会计知识竞赛的举办方、评委老师等共同参与公有链下的管理会计教育平台，及时提供管理会计知识竞赛、讲座交流的咨询，并参与管理会计的日常讨论。在各行各业的共同参与下，形成知识信息的透明化、可扩展化、可用化及可靠化，学习成果信息化、数据化，结果的扁平化、开放式及分布式的学习模式。

（二）基于区块链技术的高校管理会计人才培养对策

1. 改进高校管理会计人才培养的方式

（1）促进更深层次“大智移云”技术的应用，加强区块链等技术，在管理会计人才培养体系当中吸收多方专家学者的成功经验和有效建议，融合区块链技术在管理会计人才培养过程中的实际应用成功经验或失败教训，优化教学内容和教学方案，形成规模化的教学模式和教学体系，以提供典型学习方案及教育案例。

（2）制订合理的管理会计人才培养方案，完善人才培养体系，加强智能化教育与应用，改变管理会计人才培养侧重点，提升学生能力。

（3）深化校企合作，深入企业实践，应用管理会计知识，强化学生实践锻炼，加深学生对市场环境的了解，并实现管理会计人才培养与环境契合。

2. 加大政府对管理会计人才培养的支持力度

政府部门应围绕运营机制、管理体制等多方面制定法律法规，发挥调控能力，将管理会计人才培养与相关会计政策出台、会计政策理论更新等联合起来，结合我国经济发展现状，培养适合我国国情和经济情势的管理会计人才。加快数据安全性的相关规范性法律法规的出台，推进管理会计人才培养与新技术、新平台融合，保护教师与学生的个人信息，并加强数据规范管理，明确应用人员的权限，实行规范化管理，切实保障各个阶层应用人员的切实利益，促进管理会计人才培养的合法化、合规化及可应用性。

3. 重视管理会计人才培养平台建设及应用

（1）加强创新型技术在管理会计人才培养平台上的应用，有效整合信息资源，实现学信大数据共享。搭建扁平公开化的智能教育平台共享中心，加强新技术环境下管理会计人才培养体系的“教—评—创”应用，从而推动管理会计优质人才培养。

（2）重视数据共享中心，提高对于共享平台的应用及使用。提供更加有效及时的信息资源，更新管理会计人才培养信息，对接政府、企业等有关平台，培养针对性的管理会计人才，从而改变传统管理会计人才培养现状。

（3）加强对于共享平台建设和应用的监督，提升整体应用效率和平台建设的合法性，避免相关信息泄露，保障管理会计人才培养体系建设。

4．优化高校管理会计人才培养的师资力量

随着“大智移云”等技术的更新，管理会计人才培养需要优质的师资，在管理会计人才培养平台和教学信息上才能起到事半功倍的作用。

（1）采取专业教育结合相关职业技能培养，即将理论化学习与专业技能证书联系，充分利用职业技能证书培养专业教师的优质课程，丰富教学资源，促进管理会计人才培养。

（2）加强对于管理会计人才建设过程中专业师资的选拔和培训，实现优质师资优先供给，定时培训相结合，及时更新教师的知识体系，以保障管理会计人才培养。

（3）引入复合型师资力量，吸收熟练掌握编程、财务信息共享系统及数据分析系统的师资力量，从而有效实现全面化、复合化管理会计人才培养。

二、人工智能背景下高校管理会计人才的培养

我国经济上取得举世瞩目的成就，正在努力将人工智能在教育、医疗、服务等领域广泛应用，为我国经济发展注入新动能。智能化管理方式具有重复性低、技术性高的工作优势，通过智能化的工作方式，有助于提升各项工作水平和运行能力，尤其是会计行业存在大量的重复性劳动，人工智能在会计行业发展巨大，越来越多的企业采用人工智能技术和信息技术融入会计工作中，大大提升会计核算效率。“为了更好顺应新时代会计行业发展要求，需要积极结合人工智能的发展优势和机遇，进一步完善管理会计人才培养的方式，实现传统会计人才培养向管理会计人才培养模式转换的创新与改革。”①

（一）人工智能背景下管理会计人才必然要求

目前随着大数据和云计算的快速发展，传统的财务会计核算已经不能适应时代要求。传统会计核算人员一周的业务工作量，人工智能利用大数据分析处理仅需几分钟即可完成。人工智能在会计行业的应用让会计核算省时省力，基础性会计工作的人才不再适应会计市场需要，会计市场对会计人才将会提出更高的要求，传统的会计人才只有不断提升学识和技能，

① 苏文昱．人工智能背景下高校管理会计人才培养探讨[J]．中国乡镇企业会计，2021（2）：182-196．

才能不被社会淘汰。

现代企业的风险管理控制工作越来越重要。财务管理人才不仅是财务专家，而且还应积极参与到公司全面风险管理工作当中，发挥管理会计的优势。具有较强分析能力、掌握财务核算技能、善于进行财务分析、风险控制、懂得企业管理的综合型应用会计管理人才是目前社会对会计人才的需求类型。这就需要教育发挥作用，通过有效的教学改革，为培养能够适应市场需求的人才贡献力量。人才培养的根源在教育，人才的培养目标关键是转变教育。大力培育和发展管理会计是中国会计转型方向。

管理会计侧重预算预测、内部控制、决策支持、风险管理、成本分析等内容，培养财务人预测商业需求及制定策略决策的能力，支持企业的战略决策分析、有效的成本控制，推动企业业绩提升。这些管理会计职能都是人工智能无法取代的。

（二）人工智能背景下管理会计人才培养路径

1. 合理设定人才培养目标

（1）转变以往会计人才培养注重理论轻实践的培养模式，根据学生岗位发展需求，提高实践教学内容课时比例，设定与时俱进的人才培养新目标。加强管理会计人才培养与企业和各部门之间的有效合作和沟通，将企业和各部门最具国际视野和教育资源引入管理会计人才培养中，提升学生的国际化视野和水平。

（2）可以结合人工智能最新的技术要求，积极引入相关智能财务软件辅助教学，对信息化技术使用能力进行培养，明确学生信息化素养和信息化技术使用能力教育目标，同时还需加强对学生管理、分析决策的能力的培养，充分将互联网的发展趋势与人才培养工作相结合。

（3）在管理会计人才培养中，需要明确在管理会计人才经营预测、全面预算编辑能力方面的培养目标，结合人工智能技术和大数据技术，提升学生信息化技术应用水平和素养，增强学生运用大数据分析财务、数据管理、风险决策等方面的综合能力。

2. 构建智能化的课程体系

在智能化课程体系构建的过程中，可以将智能管理会计分为管理会计理论课程、统计与数理分析课程、计算机课程等，在理论知识教育课程中，对人才进行管理会计理论知识的培养和教育。在统计与数理分析课程中，对管理会计人才进行分析能力和实践能力的培养，让其拥有良好的数据思维和创新意识。在计算机课程教学中，加强对学生智能化技术应用和信息化技术应用能力的培养。同时，在课程体系构建的过程中，构建财务会计、经济法、税法等传统核算型课程，还要结合人工智能背景下的发展需求，通过智能化的教育方式，提升管理会计人才的综合能力和素养。

除此之外，还要全面提高管理会计人才在结合人工智能技术进行财务分析、经营与风险决策等方面的能力，从而更好地将人才培养工作落实到位。

3．创新教学模式

在人工智能时代，需进行信息化素养的培养和教学。向学生讲解与企业实际有关的管理会计知识，而且也可以在人工智能平台中，通过云课堂、蓝墨云班课等方式，调动学生学习积极性与主动性，实现学生课堂学习的练习、答疑、互动等教学目标，从而更好地实现对管理会计人才的全面培养。在管理会计人才培养中，利用相关信息技术将企业的生产经营环境高度仿真，让学生理解企业的业务流程和管理制度，将与管理会计有关的人工智能资源引入课堂学习当中，增强学生对管理会计课堂之外相关知识点的认识与理解。

同时，在管理会计人才培养中，教师也可以通过与学生共同研讨资料、共同展示学习成果的方式，加强与学生之间的有效互动和沟通，进而实现对学生智能化应用能力和自我管理能力的全面培养，调动学生学习的积极性。在创新教学管理模式中，教师也可以利用案例教学法、人工智能平台。

此外，为满足学生的智能化学习需求，还可采取会计学徒制教学模式，让学生参与企业实际管理会计工作的方式，让学生学习企业实际工作过程中管理会计的智能化使用方式，从而帮助学生在学习的过程中，提升素养与能力。

三、大数据驱动下业财融合导向的管理会计人才培养

“互联网+”时代背景下管理会计人才的培养要更加注重培育适应新技术、新产业、新业态、新模式要求的人才。“互联网+”时代是一个“乌卡时代”（VUCA），该时代下，经济环境与企业经营环境以“易变性”“不确定性”“复杂性”“模糊性”为特征，在适应能力、快速学习能力、迭代创新能力、成就动机、洞察力以及情商等方面对管理会计人才培养提出了较高要求，从而形成了社会实务变化快与人才培养方案变化慢之间的矛盾。

科技和实务的发展对财务人才的能力框架和培养方案提出新要求。

本质上，现有的财务理论知识并没有被重新创造，变化的仅仅是知识点的重构和融合。一些可预测的机械性劳动、数据搜集和处理等工作逐渐为机器所替代，从而使得财务人员从烦琐的机械性工作中解脱出来，着重在“人的管理”和“知识管理”上，使“业务”与“财务”实现有效融合，创造“智能化”管理会计课程新体系，推动“探索式”学习、“研究式”教学的管理会计课程学习框架，在管理会计课程创新改革以及应用型人才培养方面具有重要理论意义和现实价值。

（一）管理会计人才培养机制的创新

1. 创新内容

（1）从企业战略执行、监督、制定三个层面体现“业财融合”理念在管理会计人才培养中的重要性。管理会计应遵循以企业战略为导向、持续创造价值的理念，但在实际教学中“企业战略”和“管理会计”两部分内容是被割裂开来的，并没有将两者有机地结合起来，有效的管理会计课程尚未真正形成。因此，非常有必要将“企业战略”思想有机地嵌入传统管理会计课程中，建立业财融合（融合性原则）导向的管理会计教学和人才培养体系，实现高适配度和前瞻性的“企业战略—管理会计控制—企业决策”融合的课程内容链条，在更深层次上加强“企业战略”对管理会计课程的渗透，这才符合管理会计服务于公司决策的宗旨。

（2）在新经济、新业态、新动能蓬勃发展的时代，主动适应企业向“扁平化”网络组织结构转型的战略需求，构建基于“财务云”“智能化”与“财务共享”的管理会计信息系统课程体系，并适应“互联网+财务”时代经济环境与企业经营环境的“易变性”“不确定性”“复杂性”“模糊性”等特征，服务于以预算管理、成本管理、风险管理、业绩管理为核心的管理会计课程体系，让在企业实践中往往被束之高阁的理论“活”起来。

（3）为满足基于“算法”的大数据驱动经济的现实需求，发挥管理会计信息系统中“结构化”财务数据的优势，更加重视对“非结构化数据”应用能力的培养和锤炼，从强调数据间“因果关系”向从“相关关系”中寻找价值的方向转型。

（4）完善基于“探索性”+“研究性”教学的管理会计课程改革与资源体系建设。借助信息化技术手段，推行“以学生学习为中心”的课程改革和建设；推动“探索性学习”“翻转学习”“体验式学习”“基于研究项目的学习”“案例学习”“问题导向学习”等教学模式。并且，逐步克服“国际化教学”中“水土不服”的问题，注重提炼“中国情境”下的本土企业管理会计运作案例，提高预期教学效果，落实“互联网+财务”时代的管理会计教学改革转型。

2．创新目标

（1）克服战略管理与传统管理会计课程相割裂的现实情况，向业财融合导向的新管理会计培养方向转型。

（2）实现管理会计理论的核心实践价值，借助大数据分析工具，构建基于“财务共享”“智能化”“财务云”等的“互联网+财务”智能化管理会计课程体系。

（3）培养学生对“非结构性数据”“文本数据”的驾驭能力，熟悉各种“算法”，突出非财务数据整合、处理、分析等应用能力在管理会计人才培养中的重要价值，让学生领会如何利用数据间“相关关系”为企业创造价值。

（4）尝试“探索性”+“研究性”的应用型管理会计人才培养模式，提炼形成“中国情境”下的企业管理会计实践教学案例库，切实提升课程教学效果。

3．创新解决核心问题

（1）克服目前管理会计课程内容单一、业财融合差、对企业战略转型和宏观经济政策环境关注不够等问题。以“全面开展中国特色管理会计体系建设”和管理会计地方模式创新以及“企业上云”行动计划为契机，以企业“智能化”为突破口，通过技术驱动转型、交叉融合创新实现管理会计课程创新。

（2）科技促进了模式创新、财务战略转变、流程重组及标准化发展，“互联网+财务”背景下管理会计课程亟待加强其赖以依附的“智能化”“共享化”保障。借助企业“智能化”中成本驱动、连接驱动、创新驱动等因素，构建人人财务、智能财务、业务财务、战略财务，基于财务“智能化”支撑数据共享，推动企业数字化转型，加强“业财融合”和“业财一体化”的管理会计人才培养导向。

（3）弥补传统管理会计人才培养在互联网技术、数据挖掘技术、数据可视化技术、计算机算法、数据库管理技术等分析工具方面的短板问题，培养跨学科且具有前瞻性思维的管理会计人才及相应的师资。目前，大数据分析工具的讲授和管理会计基本理论与实务的讲授是分开的，分别由诸如数据科学学院、信息科学学院、计算机科学学院等的教师与会计学科性学院的教师分别讲授，这不可避免地出现懂数据科学的教师不懂财务，懂财务的教师不懂数据科学的现象，缺乏针对性，不能很好地联系专业实际问题。因此，培养跨学科的管理会计人才亟待解决跨学科背景师资力量培育问题。

（4）落实“以学生学习为中心”的教学改革基本原则，在继续走教学“国际化”的道路上，拓展具有中国特色并基于中国情景的管理会计人才培养体系改革，化解教师讲授与学生学习之间、考试知识与实际能力之间、不确定性问题与法定准则之间、单学科的教学与跨学科决策之间的矛盾以及商业大环境与企业组织变迁的挑战。人才培养要注重理论分析能力、数据处理能力、知识整合能力、合作协调能力，旨在建立管理会计教育“互动互生”的良性生态系统。

（二）管理会计人才培养机制的优化

1. 实施方案的优化

（1）在“互联网+财务”的背景下，围绕企业组织结构日益“扁平化”特征，探索将企业“财务共享”“财务云”和“智能化”融入管理会计人才培养体系中的可能性；从企业采购、销售、投资、筹资等决策行为入手，构建基于“预算管理”“成本管理”“信息搜集”“核算处理”“资金处理”“信息归档”等业务流程的管理会计人才培养体系。

（2）围绕管理会计行业生态，探索管理会计行业面临的困境以及未来转型的方向，如财务人员所面临的账面价值与公允价值不符、信息披露无决策价值、非 GAAP（公认会计原则）报表应用增长、信息技术发展、可持续性报告披露影响因素变化等诸多困局。随着“互联网+财务”的发展，应当以“非财务数据”为核心，探索构建以“数据资产”为基础，涵盖基于客户、产品、渠道、财务四个维度，量化企业价值的管理会计新体系的人才培养机制。

（3）探索企业“智能化”时代管理会计人才培养的新模式。通过人才培养方案创新，在传统会计、审计技术的基础上，整合强化管理会计人才的管理才能、客户服务能力、战略规划能力、领导能力以及预决算能力等的培养方案；全面体现管理会计在经济、金融、科技、文化等之间的相互联系，通过强化学生“跨界学习”“协同学习”“整合学习”等能力，培养能够深刻把握数据、算法、平台等核心功能，持续引领商业创新和价值创造的管理会计人才。

2．实施方法的优化

（1）将理论与实践相结合，形成企业“智能化”管理会计人才培养模式。结合企业向网络组织结构转型的实际以及行业对决策型管理会计人才的需求，有针对性地启动相应的大数据驱动的“智能化”企业管理会计专业人才培养方案的调整和改革，使学生熟练掌握信息技术、大数据管理技术、应用统计技术、数据库管理技术，特别是在教学中要强化、突出互联网时代的新兴大数据工具是如何深刻影响管理会计理论和实践的。

（2）“以点带面”引导教学资源体系建设。借鉴英国特许管理会计师（CIMA）和美国管理会计师（CMA）的人才培养理念和教学实践经验，探索基于企业战略执行、监督、制定三个层次的管理会计人才培养体系。教学中，加强以学生“探索性”学习为主导，并借助现代信息技术，尝试“翻转学习”“体验式学习”“基于科研项目的学习”“基于问题的学习”“案例学习”“实习实践”等多种学习模式，旨在重构“以学生学习为中心”的管理会计人才培养体系。

（3）鼓励“研究性”教学，重视学生对管理会计教学目标实现程度的反馈，变教师被动被学生评价为主动评估教学目标的实现程度，切实提升教师实际教学效果。具体可以分为这些步骤：①教师通过建立授课目标，明确需要掌握的基本知识（关于教学实践应该知道哪些）、树立有助于学生学习的目标（教师想让学生学什么）；②形成假设，为获得学习目标形成关于教学实践的假设（教师怎样帮助学生成功地实现学习目标）；③围绕假设，定义教学效果的方式（教师需要什么样的证据判断学生是否已经掌握学习目标）；④设计问题，在一个实验设计中发展和实施教学实践（教师在课堂内外做什么才能让学生掌握学习目标）；⑤收集和分析反馈数据（教师怎样收集和分析数据信息从而判断学生已经学到什么）；⑥得到结论并提出改进建议；⑦评述与评估（教师如何利用自己的所学不断提高自身教学效果）。

参 考 文 献

[1] 白炳婉．战略管理会计研究[J]．活力，2023（07）：53-55.

[2] 陈珊．企业内部转移定价模式研究[J]．老字号品牌营销，2022（14）：100.

[3] 陈涛．基于管理会计视角下高校财务人员的职业发展[J]．善天下，2019（22）：101-102.

[4] 陈玉萍．人工智能背景下高校智慧财务管理模式的创新与完善研究[J]．中国信息化，2022（10）：75-77.

[5] 崔畅．企业长期投资决策与分析[J]．环球市场，2021（1）：50.

[6] 戴瑞，杜红叶，李莉．我国企业社会责任信息披露现状研究[J]．商业会计，2021（02）：87-90.

[7] 堵媛媛．基于价值管理的企业管理会计理论与方法研究[J]．科技经济市场，2022（04）：109-111.

[8] 杜云凌．大数据背景下基于云会计的制造业短期经营决策分析[J]．现代经济信息，2017（13）：250.

[9] 冯果．企业社会责任信息披露制度法律化路径探析[J]．社会科学研究，2020（01）：11-20.

[10] 冯静．论基于价值管理视角的企业内控建设[J]．全国流通经济，2021（36）：40-42.

[11] 冯巧根．新时代的管理会计工具创新[J]．财会通讯，2022（17）：3-11.

[12] 葛玉洁．从会计计量视角重塑信息化时代的企业价值管理[J]．哈尔滨工业大学学报（社会科学版），2020，22（05）：146-152.

[13] 葛玉洁．企业价值管理变革：创值单元理论的讨论与展望[J]．学术交流，2020（12）：111-119.

[14] 何为．战略管理会计在企业管理中的应用研究[J]．中小企业管理与科技，2022（16）：98-100.

[15] 胡滨．企业投资结构研究[J]．中国乡镇企业会计，2021（2）：57-58.

[16] 胡玉明．管理会计的本质与边界[J]．财会月刊，2021（19）：16-24.

[17] 吉进．全面预算管理在企业财务管理中的运用探讨[J]．财会学习，

2023，368（15）：86.
[18] 姜喜喜. 管理会计在企业价值管理中的应用[J]. 财经界，2020,（12）：113-114.
[19] 金佳玲. 全面预算管理在企业成本控制中的应用研究[J]. 财经界，2023，651（08）：52.
[20] 李海玲. 我国企业社会责任信息披露现状研究[J]. 兰州学刊，2018(10)：162-173.
[21] 李莹莹. 人工智能背景下高校管理会计人才培养探讨[J]. 西部皮革，2020，42（13）：127.
[22] 梁彩霞. 战略管理会计在企业管理中的应用分析[J]. 商讯，2022（12）：89-92.
[23] 林宏丽. 战略管理会计在企业应用中的优化策略[J]. 北方经贸，2023（04）：118-120+156.
[24] 刘承帅. 基于大数据环境下的企业价值管理研究[J]. 信息记录材料，2021，22（02）：173-174.
[25] 刘佳鑫. 企业长期投资决策与探析[J]. 全国流通经济，2019(37)：84-85.
[26] 刘美霞. 企业预算管理的困境及解决措施[J]. 中国商论，2017（12）：66-68.
[27] 刘玉廷，武威，任少波. 政府成本会计改革影响因素及概念框架研究[J]. 财经问题研究，2018（4）：77-83.
[28] 陆芹. 心理定价策略研究[J]. 安徽电子信息职业技术学院学报，2010，9（2）：106.
[29] 罗洁娴. 以 EVA 为核心的企业价值管理体系研究[J]. 会计师，2019（07）：41-43.
[30] 彭俊. 企业预算管理实施难点及对策探析[J]. 中国商论，2020（23）：158-159.
[31] 曲先耀. 战略管理会计在电商企业的应用现状[J]. 财会学习，2021（23）：96-97.
[32] 瞿颖. 企业投资管理及风险控制探究[J]. 财经界，2023（4）：66-68.
[33] 神芳艳. 基于管理会计视角下高校财务人员的职业发展[J]. 中国乡镇企业会计，2021（9）：197-198.
[34] 石雅芳，王凡俊，侯玲娟. 人工智能背景下高校管理会计教学改革的探析[J]. 中国乡镇企业会计，2022（10）：196-198.

[35] 苏文昱．人工智能背景下高校管理会计人才培养探讨[J]．中国乡镇企业会计，2021（2）：182-183.
[36] 孙华荣．管理会计在企业价值管理中的应用研究[J]．商讯，2021（08）：45-46.
[37] 王桂华，李玉华．管理会计[M]．北京：北京理工大学出版社，2019.
[38] 王红娥．对企业成本会计控制的思考[J]．中国商论，2020（22）：166-167.
[39] 王茜．浅析企业长期投资决策问题及对策[J]．商情，2018（4）：117-118.
[40] 王琼．企业社会责任信息披露影响因素研究综述[J]．中国管理信息化，2023，26（07）：179.
[41] 王荣枢．我国中小企业管理会计实践中的问题及对策研究[J]．现代营销（上旬刊），2022（10）：82-84.
[42] 魏斌．5C 价值管理体系：企业价值管理的实用工具[J]．管理会计研究，2019，2（02）：24-33+86.
[43] 夏沧澜．基于价值的企业管理探究[J]．中国中小企业，2022（02）：136-137.
[44] 肖炳峰．战略管理会计在企业中的应用分析[J]．中国中小企业，2021（09）：106-107.
[45] 邢维丹．管理会计在企业集团中的运用探讨[J]．财会学习，2021（24）：72-74.
[46] 熊馨．全面预算管理会计下企业战略管理会计研究[J]．内蒙古煤炭经济，2021（17）：79-80.
[47] 许金叶．管理会计理论如何形成[J]．财会月刊，2022（2）：53-59.
[48] 闫瑞静．浅析企业短期经营决策中的生产决策[J]．中国农业会计，2020（2）：16.
[49] 姚利霞，刘慧．分析财务共享与企业价值管理提升作用[J]．现代营销（经营版），2020（02）：156-157.
[50] 张丽娜．企业预算管理的问题探究[J]．中国商论，2019（8）：182-183.
[51] 张丽萍．企业预算管理的困境及对策[J]．中国商论，2020（9）：146-147.
[52] 张明超．企业短期经营决策的研究[J]．知识经济，2016（22）：85.
[53] 张涛．浅议企业成本会计核算与管理——以制造业企业为例[J]．中国商论，2020（24）：152-153.
[54] 张占宇．企业长期投资决策方法研究[J]．行政事业资产与财务，2014（3）：108，228.

[55] 郑普．制造企业短期经营决策探究[J]．财会学习，2018（16）：178.
[56] 钟喜琴．加强价值管理能力推动企业财务团队整体转型[J]．中国商论，2021（05）：163-165.
[57] 周传丽．短期经营决策模型的相关范围及其改进[J]．财会通讯·学术，2004（5）：16.